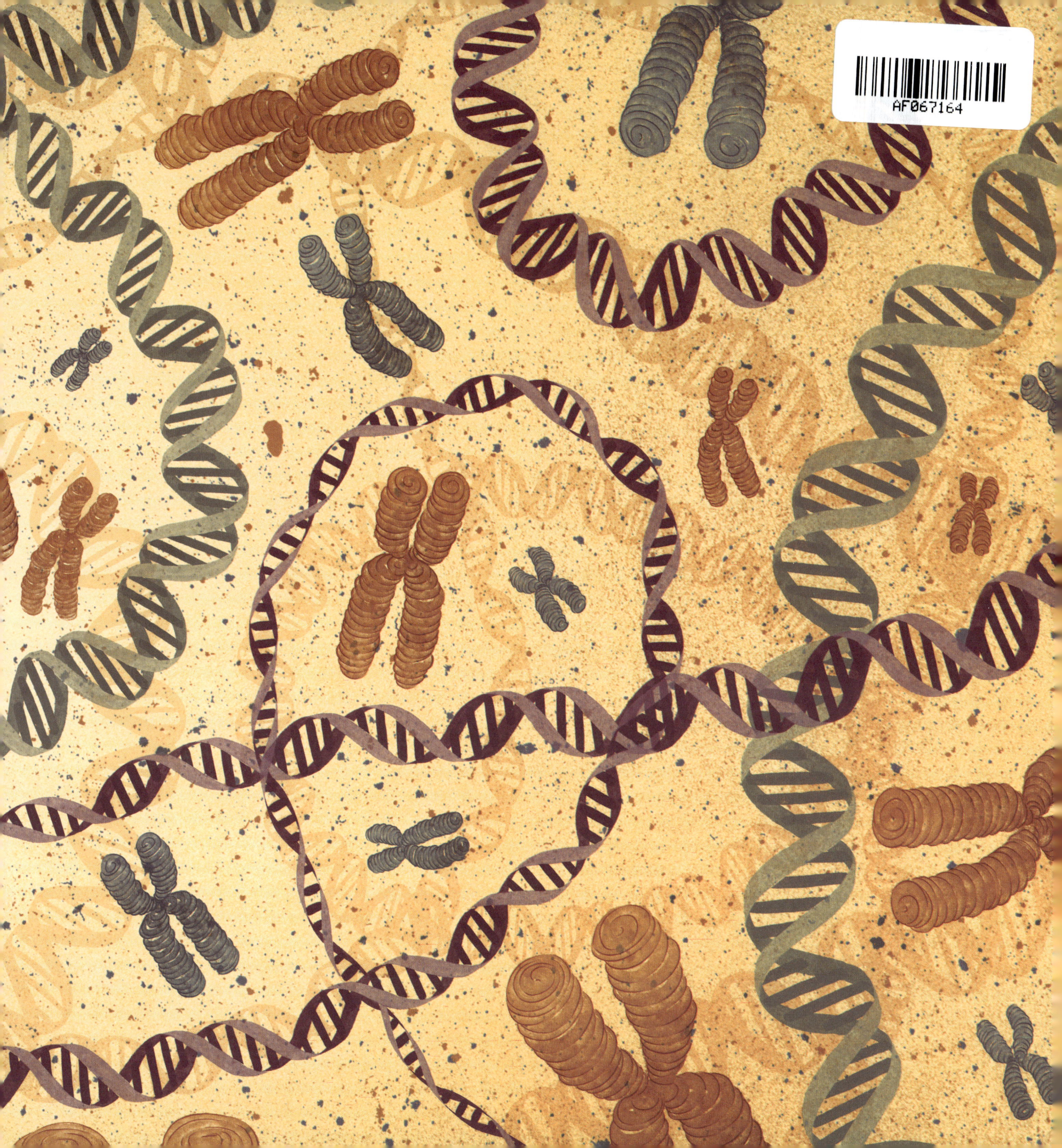

© del texto: Pablo José Barrecheguren Manero, 2022 - @pjbarrecheguren
© de las ilustraciones: Isabel Dias Loureiro, 2022 - @isaloureiro_arteyciencia

Revisión científica:
Joaquín de Navascués Melero
Laura Mariño Puertas
Guillermo Martínez Corrales

© EDITORIAL JUVENTUD, S. A., 2023
　Provença, 101-08029 Barcelona
　info@editorialjuventud.es | www.editorialjuventud.es

Primera edición: abril, 2023

ISBN: 978-84-261-4832-2

DL B 4011-2023
Núm. de edición de E. J.: 14.230

Printed in Spain
Impreso por Alfara B3 Comunicació S.L., Les Franqueses del Vallès

Cualquier forma de reproducción, distribución, comunicación pública o transformación de esta obra solo puede ser realizada con la autorización de sus titulares, salvo excepción prevista por la ley. Diríjase a CEDRO (www.conlicencia.com) si necesita fotocopiar o escanear algún fragmento de esta obra.

Edición impresa en papel ecológico cuyo proceso de fabricación cumple con todas las normativas medioambientales.

LA GENÉTICA

Explicada por Dra. Barbara McClintock

TEXTO: DR. PABLO BARRECHEGUREN
ILUSTRACIONES: ISA LOUREIRO

JUVENTUD

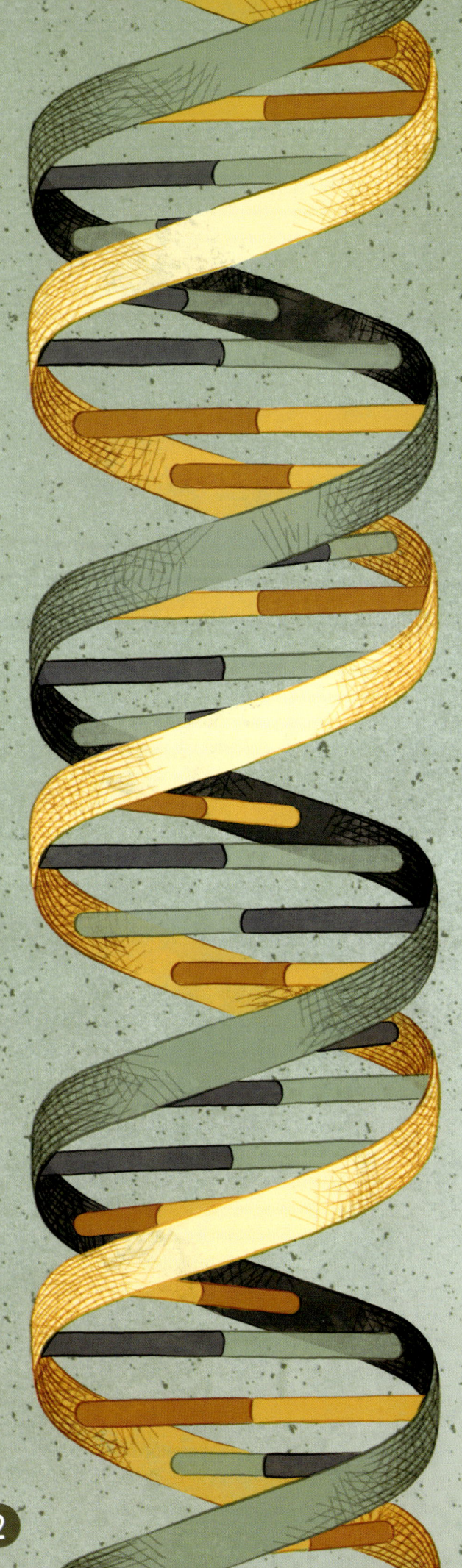

ÍNDICE

- 5   Barbara McClintock
- 6   El manual de los seres vivos
- 8   El genoma
- 10 Los cromosomas
- 14 ADN
- 16 Dogma Central de la Biología Molecular
- 18 Los retrovirus
- 20 Rosalind Franklin, ¡la supercientífica!
- 22 El ciclo celular
- 24 La meiosis
- 26 ¿Por qué soy así?
- 28 Las Leyes de Mendel

30 Los transposones
32 ¡Mutantes!
34 Los telómeros y el envejecimiento genético
36 Mosaicos y quimeras
38 Mas allá de la genética: la epigenética
40 Clonación: la oveja Dolly
42 ¡Resucitando animales extintos!
44 Los transgénicos
46 La terapia génica
48 Glosario

Barbara McClintock

¡Saludos genéticos!

Soy Barbara, la doctora Barbara McClintock, y en este libro te explicaré cómo funcionan los genes y de qué modo definen gran parte del funcionamiento de todos los seres vivos, incluido tú.

Nací en 1902 en Hartford (Estados Unidos). Mientras estudiaba agricultura en la universidad fui a un curso sobre genética. ¡Me resultó tan fascinante que me dediqué a ella!, y me centré en la investigación del maíz. Observándolo vi algo muy raro…

Hay mazorcas de maíz con granos de distintos colores, y los patrones de color pueden llegar a cambiar mucho de una planta a otra, demasiado como para que esto se pudiera explicar con los conocimientos sobre genética de principios del s. XX. Tras años de investigación descubrí que tenía que haber algo en la genética del maíz que se desplazaba aleatoriamente y, al cambiar de sitio, causaba una perturbación que producía esos patrones de colores tan curiosos.

Por este descubrimiento de estos elementos genéticos transponibles, que llamé "transposones", me dieron en 1983 el premio Nobel de Medicina o Fisiología en solitario. Es un premio muy importante, pero lo recibí ¡más de treinta años después de publicar mis resultados! En parte, tardaron tanto en concederme el premio porque mis descubrimientos suponían un desafío para el conocimiento científico de la época y, claro, al principio no me creyeron.

Pero bueno, tampoco me importó mucho esperar porque me encantaba mi trabajo, y antes de recibir el Nobel ya era una científica exitosa. Por ejemplo, en 1945 me convertí en la primera mujer elegida para ser presidenta de la Sociedad de Genética Estadounidense. Además, también hice otras cosas divertidas en mi vida, como tocar el banjo en una banda de jazz cuando estaba en la universidad.

Disfruté tanto de mi trabajo que hasta me parecía un poco injusto recibir premios por hacer algo tan divertido, ¡y es que me encanta la genética!

¿Sigo hablándote sobre ella?

EL MANUAL DE LOS SERES VIVOS
¿Qué necesitamos para crear vida?

TODOS LOS ANIMALES O PLANTAS QUE VES A TU ALREDEDOR, Y TAMBIÉN AQUELLOS ORGANISMOS, COMO LEVADURAS O BACTERIAS, DEMASIADO PEQUEÑOS PARA SER VISIBLES A SIMPLE VISTA, SE FORMAN SIGUIENDO LAS MISMAS REGLAS BIOLÓGICAS.

Lo primero es tener las piezas para producirlo. Todo lo que te rodea está formado por átomos, que son unas diminutas piezas que se pueden juntar formando unas piezas más grandes llamadas moléculas. Y a partir de millones de moléculas podemos crear una célula.

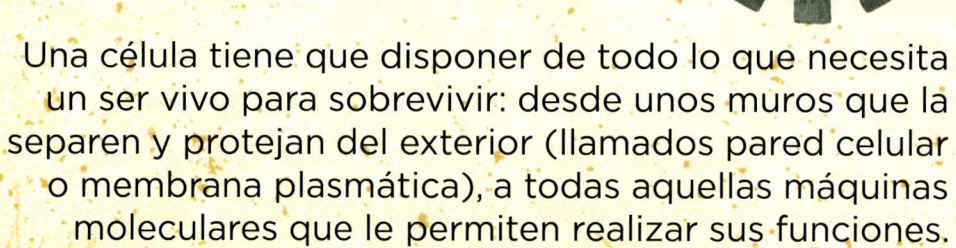

Una célula tiene que disponer de todo lo que necesita un ser vivo para sobrevivir: desde unos muros que la separen y protejan del exterior (llamados pared celular o membrana plasmática), a todas aquellas máquinas moleculares que le permiten realizar sus funciones.

Podemos clasificar a los seres vivos en dos grupos:

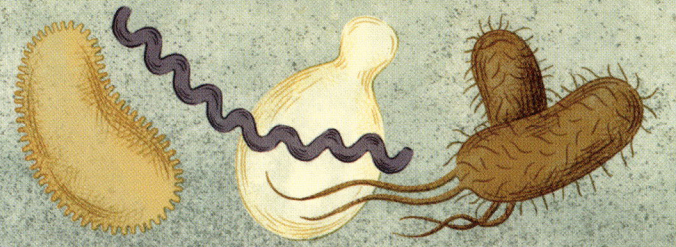

los formados por una única célula, como las bacterias o las levaduras, que reciben el nombre de
organismos unicelulares

y los formados por muchas células, como las plantas o los animales, que se denominan
organismos pluricelulares

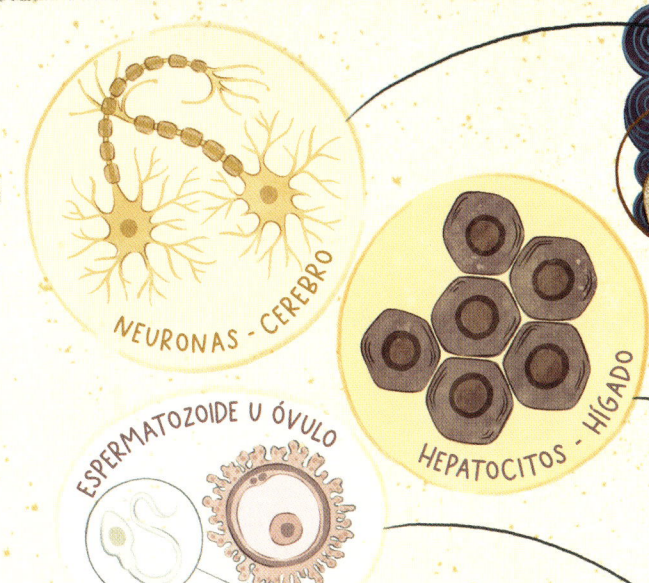

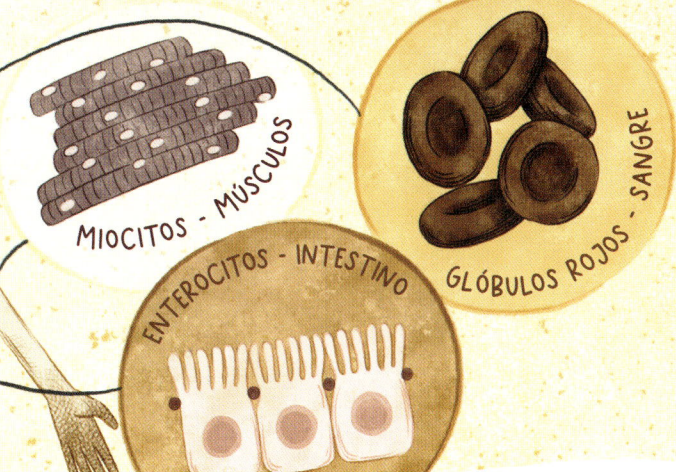

El cuerpo de un humano adulto está formado por unos 30 billones de células humanas. ¡Son tantas que, contando una por segundo, tardaríamos casi un millón de años en contarlas todas!

Y estas células se organizan formando tejidos que son el material que se utiliza para fabricar tus músculos, huesos... y todos tus órganos: riñones, corazón, hígado...

Para crear un ser vivo, no solo necesitamos las piezas, ¡también necesitamos organizar y hacer funcionar todas las células que los forman! En nuestro caso son muchísimas las células que hay que gestionar, pero incluso un organismo unicelular es un puzle de millones de moléculas.

¿Y cómo sabe la célula dónde tiene que ir cada pieza? Fácil: cada célula dispone de un manual de instrucciones para producir y hacer funcionar todo: **el genoma...**

EL GENOMA

La información que hay en tu genoma es tan importante que la mayoría de tus células guardan por duplicado el genoma en el "núcleo celular", que es como una gran biblioteca que tiene cada organismo, ¡y es una biblioteca enorme!

En el caso de los seres humanos, nuestro genoma mide más o menos un metro de longitud, pero, como además se guarda una copia, resulta que dentro de cada célula hay dos metros de genoma.

2 m

Igual que para tener un libro necesitamos algo más que palabras, porque también hace falta una portada, el papel sobre el que se escribe..., en el genoma no todo es información genética. Muchas partes simplemente le dan forma y estructura... mientras que las instrucciones, las palabras y frases de nuestro genoma, son los

genes.

Un gen es una parte del genoma a partir de la cual se fabrica algo con una función en la célula. Más adelante iremos viendo qué cosas se pueden crear a partir de un gen, pero de momento quédate con la idea de que tenemos muchísimos: ¡actualmente se calcula que tenemos unos

66.400 genes!

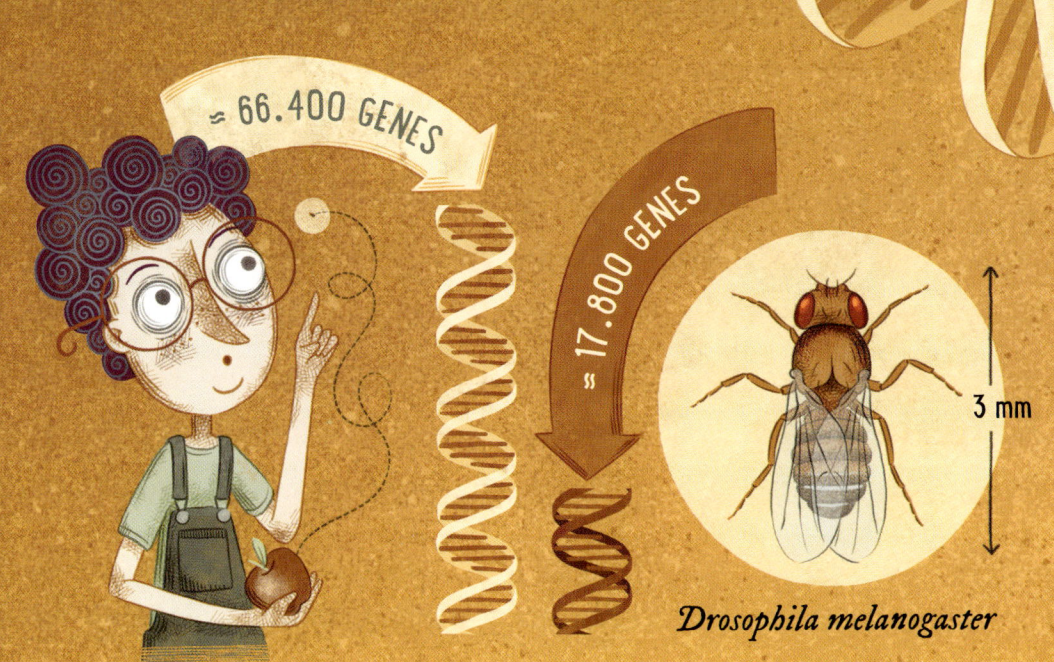

Drosophila melanogaster

Eso sí, no creas que los organismos más grandes siempre son los que más genes tienen. Es verdad que un ser vivo pequeño suele tener menos genes, pero, si nos ponemos a contar genes, a veces nos llevamos sorpresas: por ejemplo, incluso algo tan pequeño como la diminuta mosca de la fruta tiene unos 17.800 genes.

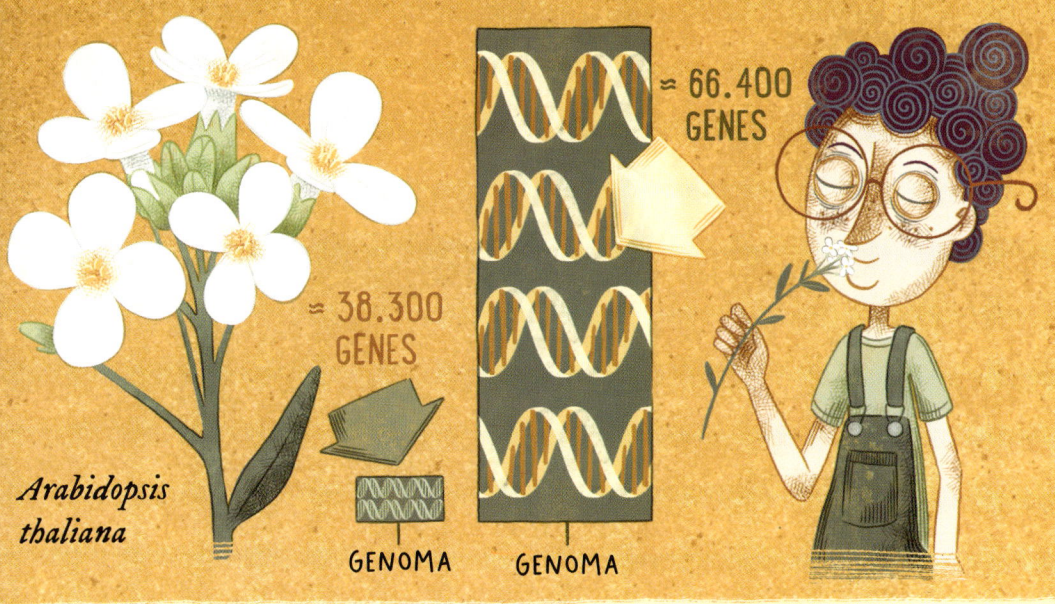

Arabidopsis thaliana

Y tampoco creas que tener un genoma más grande significa siempre tener más genes. Nuestro genoma es unas 25 veces más grande que el de la *Arabidopsis thaliana*, sin embargo, esta planta tiene unos 38.300 genes, ¡más de la mitad de genes que nosotros!

El Proyecto Genoma Humano:

Al principio los científicos no sabían cómo se ordenaban los 3.000 millones de caracteres que forman nuestro genoma, así que tuvieron que descifrarlos uno a uno para colocarlos de forma ordenada. A esto se le llama "secuenciar el genoma", y gran parte de este trabajo se realizó en el marco de una iniciativa internacional denominada "Proyecto Genoma Humano", que costó unos 2.700 millones de dólares, se inició en 1990 y consiguió su objetivo en 2003. Desde entonces los científicos siguen trabajando para descifrar el significado de nuestra secuencia genética.

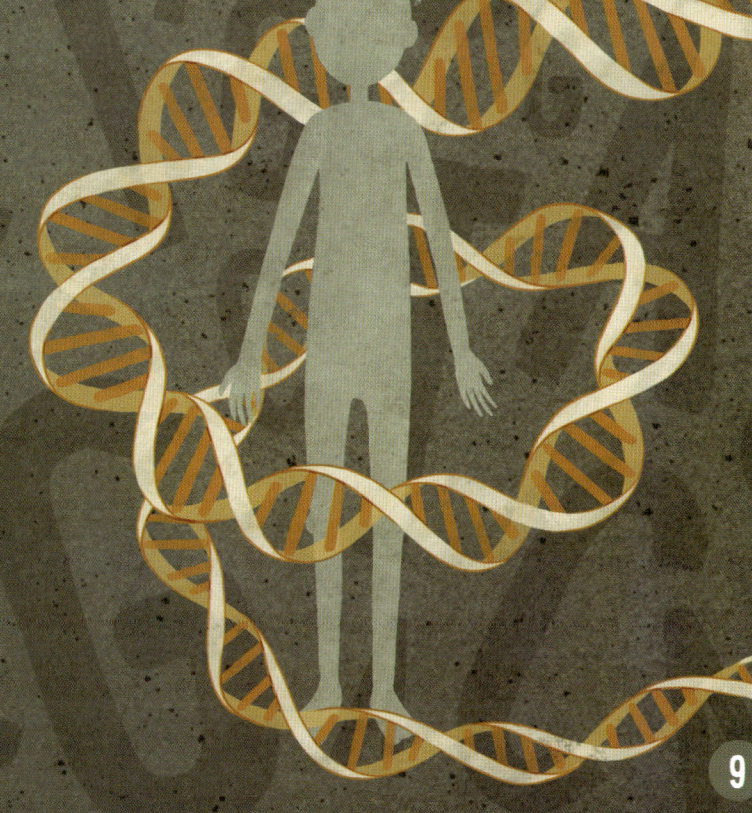

LOS CROMOSOMAS

Nuestras células no siempre son muy ordenadas, y prueba de ello es que normalmente dentro del núcleo tienen guardado el genoma en forma de una masa amorfa denominada **cromatina**.

Es un revoltijo de cables donde solo las partes que la célula está utilizando en cada momento son accesibles, y estas zonas más o menos accesibles van cambiando según las necesidades del organismo o la vida de la célula.

Núcleo

POR EJEMPLO, HAY GENES QUE SOLO ACTIVAMOS CUANDO ESTAMOS CRECIENDO, Y UNA VEZ QUE SOMOS MAYORES YA NUNCA LOS VOLVEMOS A UTILIZAR.

CROMATINA

FIESTA

IGUAL QUE PARA PODER LEER EL MENSAJE DE UNA GUIRNALDA DE CUMPLEAÑOS HACE FALTA DESPLEGARLA, SOLO SE PUEDEN UTILIZAR LOS GENES QUE ESTÁN SUFICIENTEMENTE DESENROLLADOS.

En la cromatina, las partes del genoma que no se están usando se encuentran muy plegadas para poder caber dentro del núcleo y, en conjunto, se llaman

Heterocromatina

Mientras que las zonas que están siendo utilizadas se encuentran desenrolladas para que la información sea accesible, y reciben el nombre de

Eucromatina

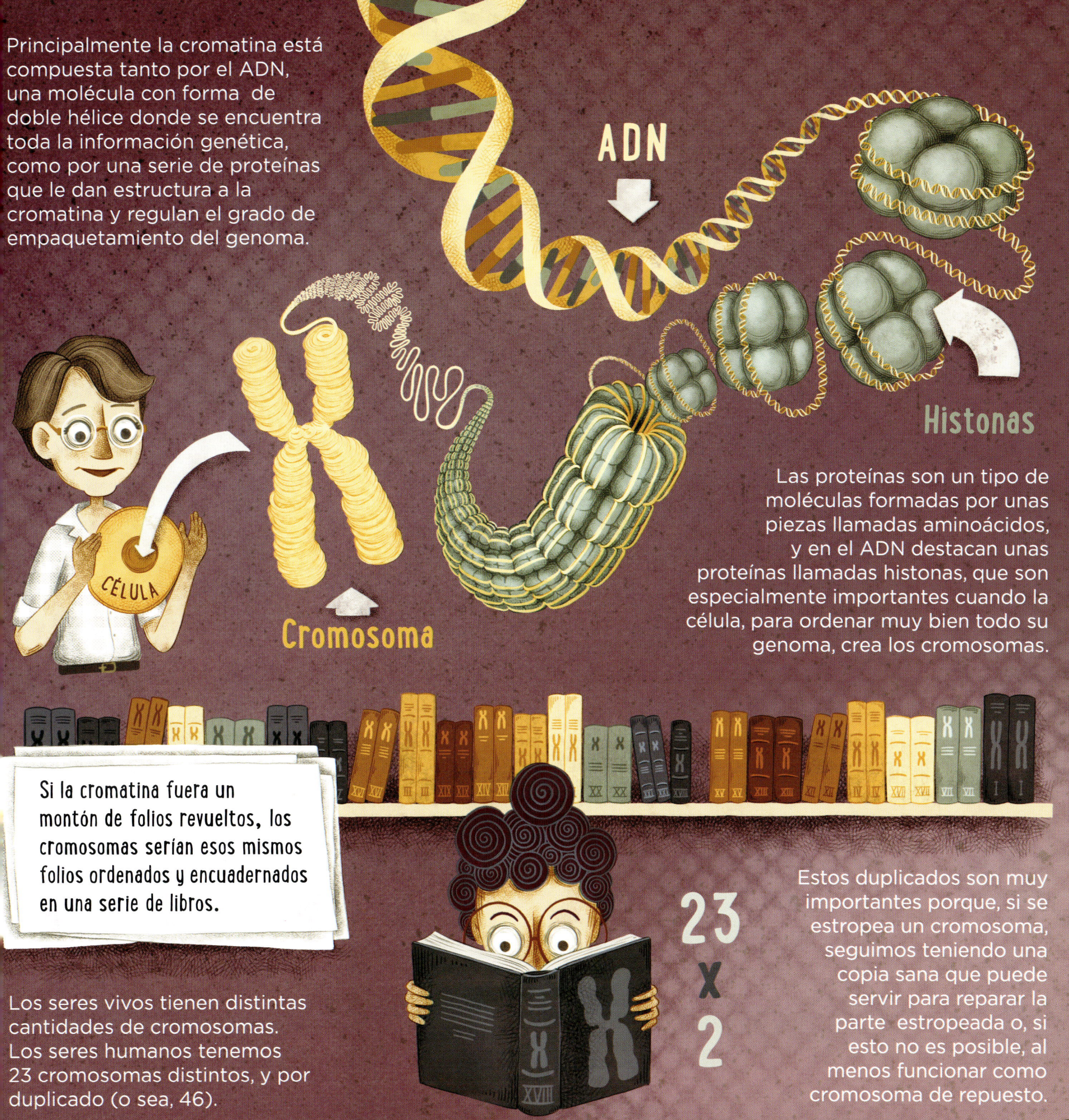

En ocasiones, los cromosomas tienen una forma parecida a una X.

EL LUGAR DONDE SE CRUZAN LAS LÍNEAS SE LLAMA **CENTRÓMERO**.

Y ESAS LÍNEAS O PROLONGACIONES QUE PARTEN DEL CENTRÓMERO SON LOS **BRAZOS**.

La forma y el tamaño de los cromosomas son variables, así que, para estudiarlos, hay que ordenarlos un poco.

Un **cariotipo** es un método de ordenación de los cromosomas en función de un criterio, por ejemplo, el tamaño. El estudio del cariotipo de las personas permite detectar alteraciones en los cromosomas, que, a veces, tienen consecuencias para su salud.

Los CR**OMOS** de los cromosomas:

Un ejemplo de alteración que puede verse en el cariotipo es tener más cromosomas de los habituales, lo cual es negativo, ya que en las células puede ser tan problemático que falte como que sobre algo.

En nuestros cuarenta y seis cromosomas hay una pareja especial: la pareja 23.

Esta corresponde a los cromosomas sexuales, que son dos: el cromosoma X y el cromosoma Y (reciben estos nombres por su forma).

En general las personas podemos tener:

 dos cromosomas X

 o un cromosoma X y otro Y.

ESTO ES RELEVANTE PORQUE:

a las personas que nacen con la pareja XX se les asigna el sexo cromosómico de hembras

y a las que nacen con la pareja XY se les asigna el sexo cromosómico de machos.

Sin embargo, esta clasificación está llena de excepciones, por ejemplo hay mujeres que tienen los cromosomas XY u hombres XXY, y además el sexo cromosómico solo es uno de los múltiples factores a considerar si queremos definir el sexo de una persona, ¡y en muchas ocasiones ni siquiera es el más importante!

Y, por último, ¡un dato sorpresa!:

no toda tu información genética está en tus cromosomas

En las células animales y vegetales hay unos orgánulos llamados mitocondrias que producen energía, ¡y resulta que en ellos también hay un poco de información genética!

ADN MITOCONDRIAL

Y lo mismo ocurre en los cloroplastos de las células vegetales, que son los orgánulos donde las plantas hacen la fotosíntesis para utilizar la energía de la luz solar.

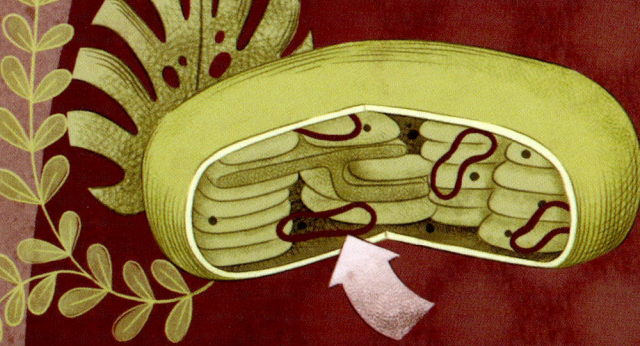

ADN CLOROPLÁSTICO

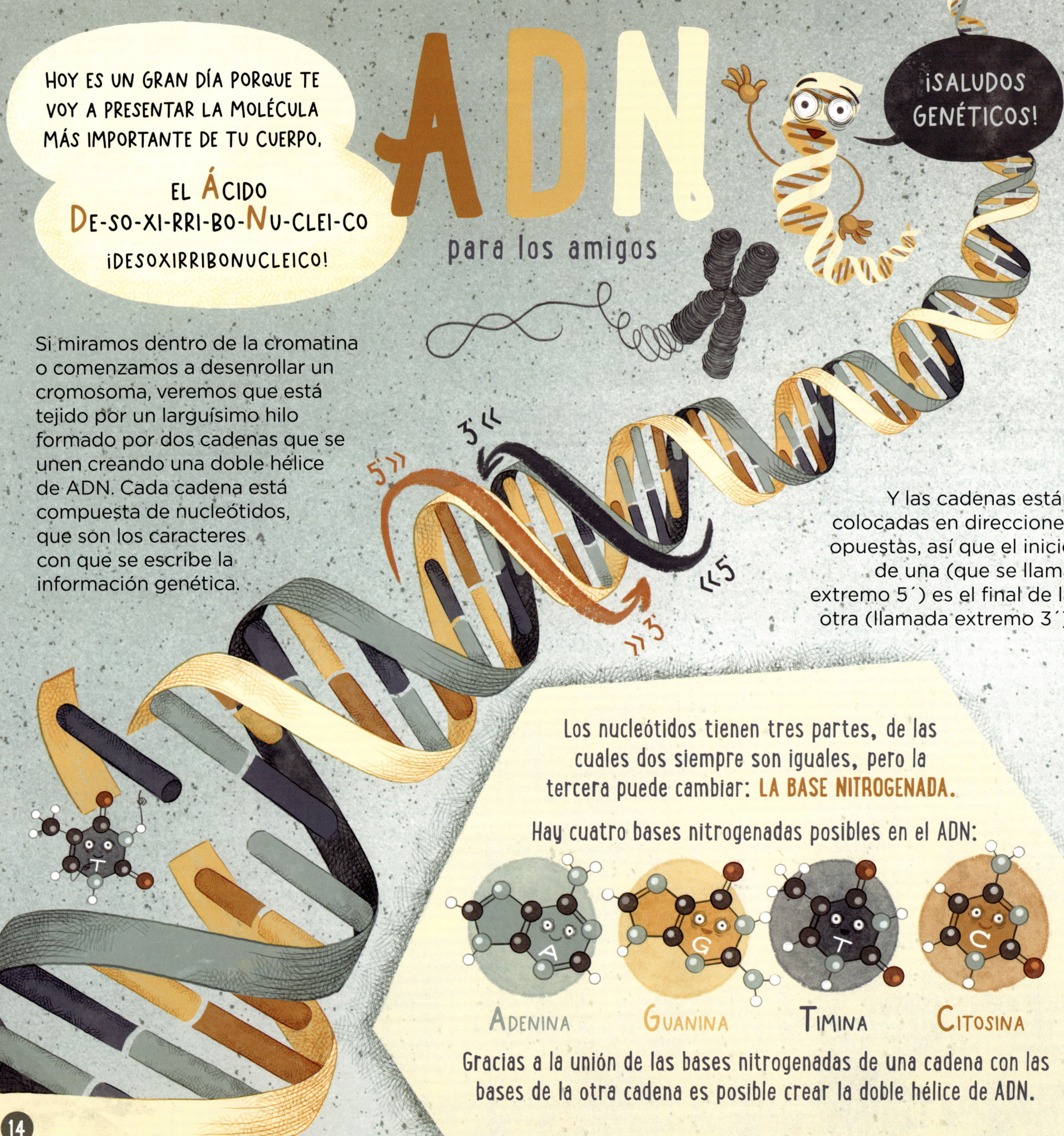

Sin embargo, estas uniones no son al azar:

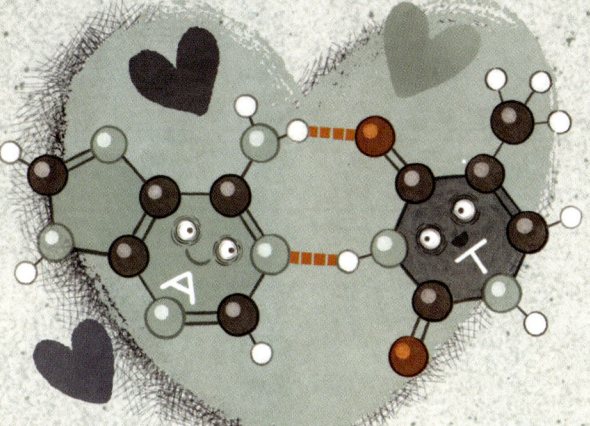

Como las bases son lo único que cambia entre nucleótidos, nos sirven de referencia para medir la longitud de un genoma, y diferenciar una molécula de otra.

La **A**denina solo puede unirse con la **T**imina, ya que son bases complementarias, y lo mismo ocurre con la **G**uanina y la **C**itosina.

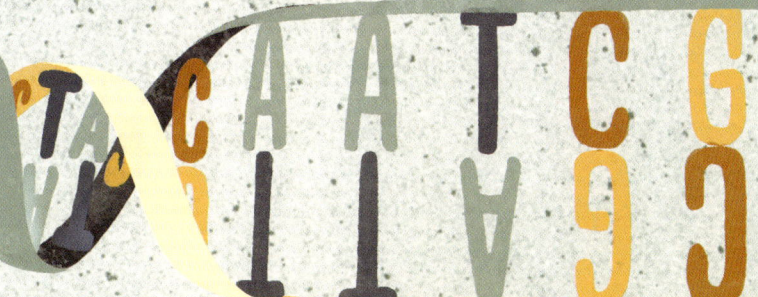

Todos los genomas están hechos con los mismos tipos de piezas, solo cambian el número de piezas y el orden en que están colocadas.

Por su composición química, el ADN es un ácido nucleico, ¡pero no es el único! También existe el **Ácido RiboNucleico**

El ARN tiene dos diferencias importantes con el ADN:

ARN para los amigos.

1. La primera es que no tiene timina y en su lugar usa uracilo, que es otra base nitrogenada complementaria de la adenina.

2. La segunda es que su estructura y funciones son mucho más variadas que las del ADN.

Si bien hay organismos, como algunos virus, que utilizan ARN para guardar su información genética, la gran mayoría de los seres vivos utilizamos ADN para formar nuestro genoma; aun así, el ARN resulta esencial para transcribir la información genética y para que esta acabe traducida en una serie de instrucciones que siguen las células.

Dogma Central de

✠ Cuando se descubrió cómo fluye la información genética dentro de una célula, todo este conocimiento se resumió en lo que se conoce como el **"Dogma Central de la Biología Molecular"**, el cual tiene tres procesos principales:

👉 Replicación:

Guardado en el interior del núcleo celular, nuestro ADN se encuentra protegido y puede replicarse, es decir, **hacer copias de sí mismo**, si es necesario; ¡pero no puede salir del núcleo! En el citoplasma, fuera del núcleo, se gestionan las funciones de la célula y se fabrica todo lo que esta necesita… pero para hacerlo hace falta la información guardada en el ADN.

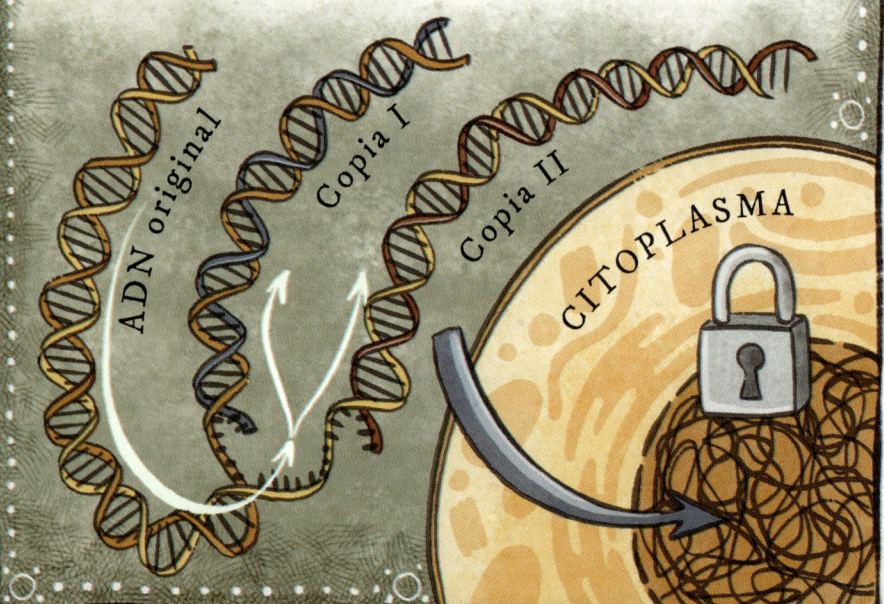

👉 Transcripción:

Confinado en el núcleo celular, el ADN es capaz de enviar mensajes hasta el citoplasma. Mensajes que se escriben **utilizando una enorme enzima llamada ARN polimerasa.** Las enzimas son proteínas que catalizan, aceleran y hacen posible, reacciones químicas. Usando el ADN como referencia, **la polimerasa copia la información** necesaria en una cadena de ARN, que se llamará **ARN mensajero (ARNm)**, siguiendo un proceso llamado transcripción.

ADN:
Hola P, por favor copia estas instrucciones para hacerlas llegar al citoplasma. 🙏🙏🙏😊😊

ARN POLIMERASA:
Sin problema, lo transcribo y envío en formato ARN mensajero. ¡Ahora mismo! 👌👍👍

ARN mensajero

la Biología Molecular

Y es tan importante el trabajo de las ARN polimerasas –los organismos suelen tener varias–, que las sustancias que afectan a su funcionamiento son muy peligrosas para el organismo. La *Amanita phalloides*, una de las setas más venenosas que existen, contiene amatoxinas capaces de inhibir el funcionamiento de la ARN polimerasa II, y una sola seta puede provocar la muerte.

También conocida como hongo de la muerte.

Traducción:

Ya en el citoplasma, el ARN mensajero es descifrado siguiendo un proceso llamado traducción, gracias al cual se **fabrican las proteínas**. La traducción tiene lugar en los **ribosomas**, que son unos orgánulos formados por un tipo de ARN, el **ARN ribosómico (ARNr)**, y también hay otra molécula que participa en el montaje de las proteínas (el cual se hace pieza a pieza, aminoácido a aminoácido). Esta molécula es otro tipo de ARN, el **ARN de transferencia (ARNt)**.

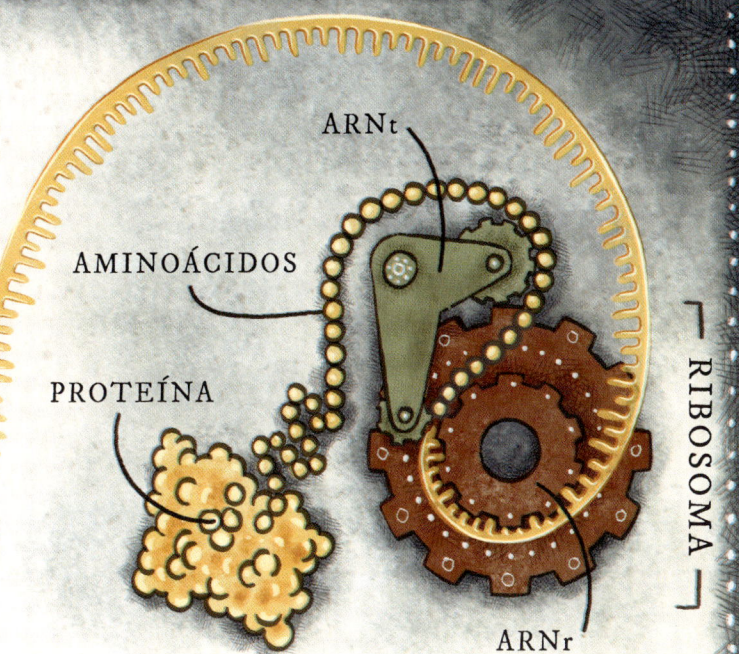

No siempre a partir del ADN el objetivo es llegar a una proteína: muchas secuencias genéticas dan lugar a ARN que tienen sus propias funciones y, por lo tanto, no es necesario traducirlos a proteínas.

Aunque hay otros grupos más pequeños, el ARN ribosómico, el ARN de transferencia y el ARN mensajero son los tres tipos principales de ARN.

LOS RETROVIRUS

En 1970 se descubrió algo que abrió un debate sobre el Dogma Central de la Biología Molecular

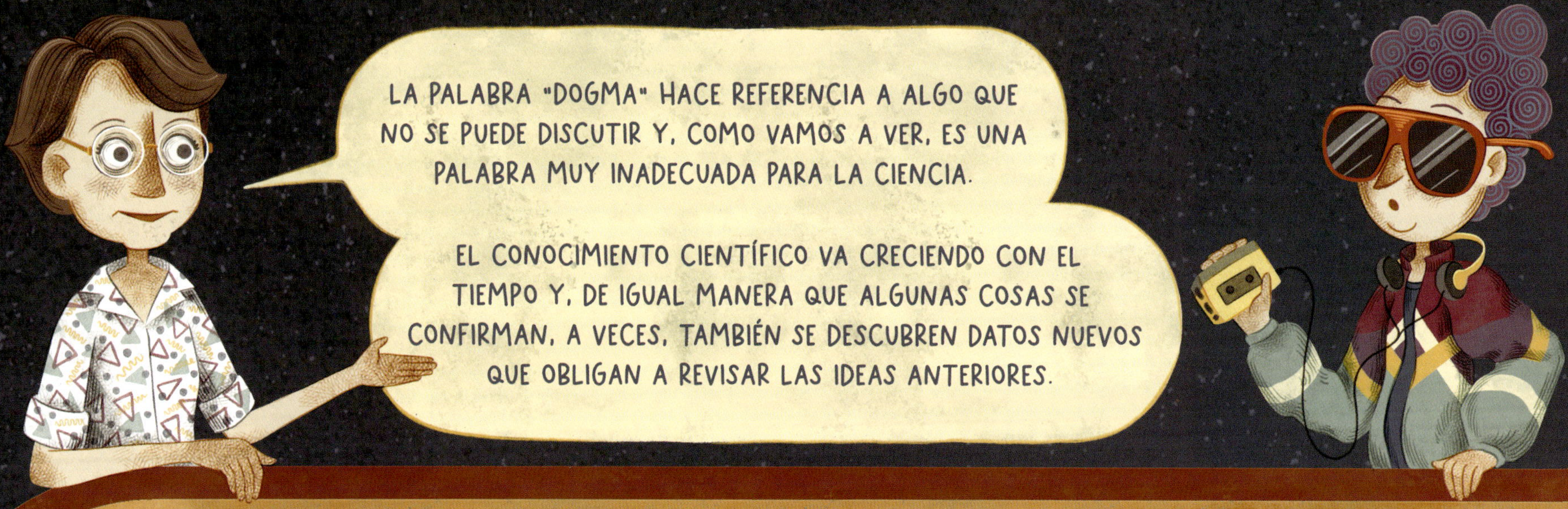

LA PALABRA "DOGMA" HACE REFERENCIA A ALGO QUE NO SE PUEDE DISCUTIR Y, COMO VAMOS A VER, ES UNA PALABRA MUY INADECUADA PARA LA CIENCIA.

EL CONOCIMIENTO CIENTÍFICO VA CRECIENDO CON EL TIEMPO Y, DE IGUAL MANERA QUE ALGUNAS COSAS SE CONFIRMAN, A VECES, TAMBIÉN SE DESCUBREN DATOS NUEVOS QUE OBLIGAN A REVISAR LAS IDEAS ANTERIORES.

Esto es lo que ocurrió en 1970, cuando se descubrieron los retrovirus.

Como hemos visto, hay virus que guardan su información genética utilizando **ARN**, y se descubrió que algunos de ellos contienen una enzima denominada **transcriptasa inversa**: a estos se les llamó retrovirus.

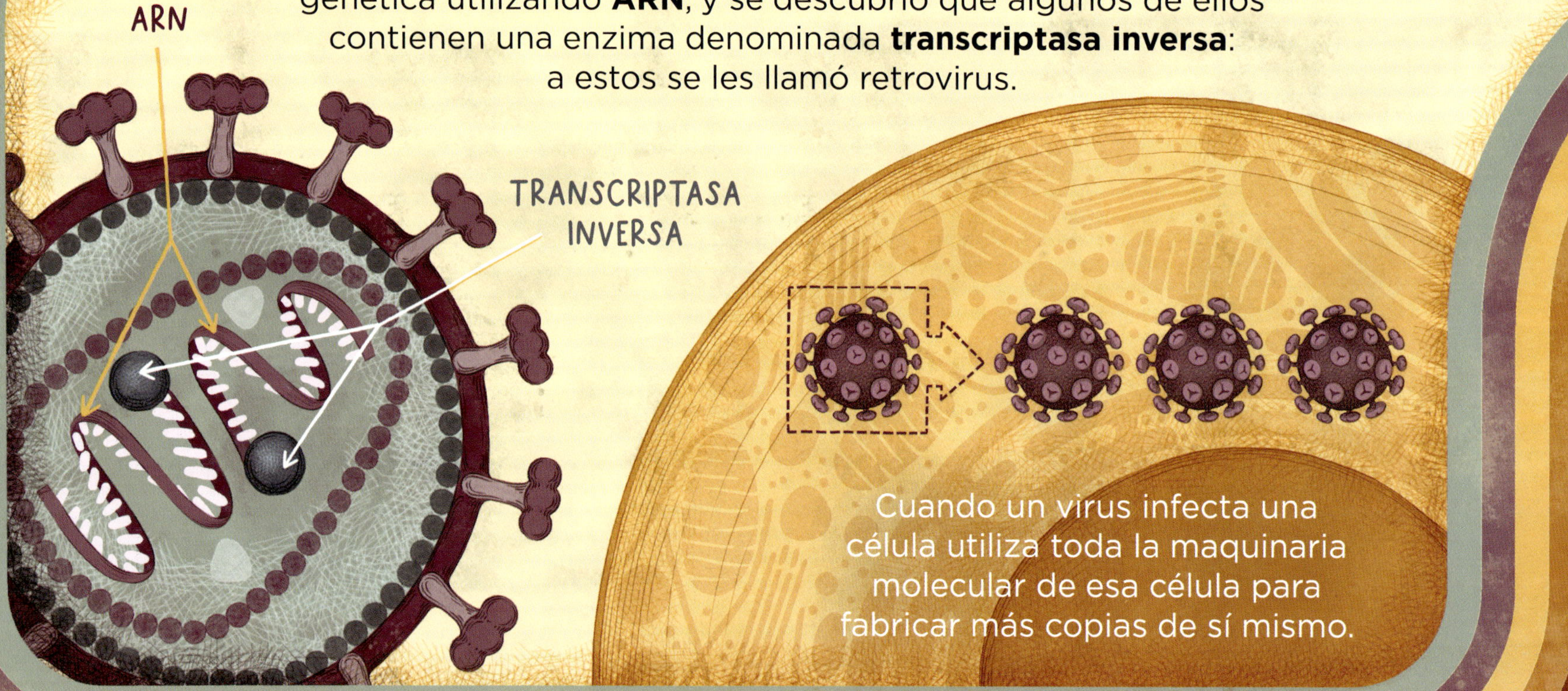

ARN

TRANSCRIPTASA INVERSA

Cuando un virus infecta una célula utiliza toda la maquinaria molecular de esa célula para fabricar más copias de sí mismo.

En el caso de los retrovirus, el proceso empieza cuando inyectan dentro de la célula su ARN junto con la transcriptasa inversa, la cual usa ese ARN **para fabricar ADN vírico** a través de un proceso llamado **transcripción inversa.**

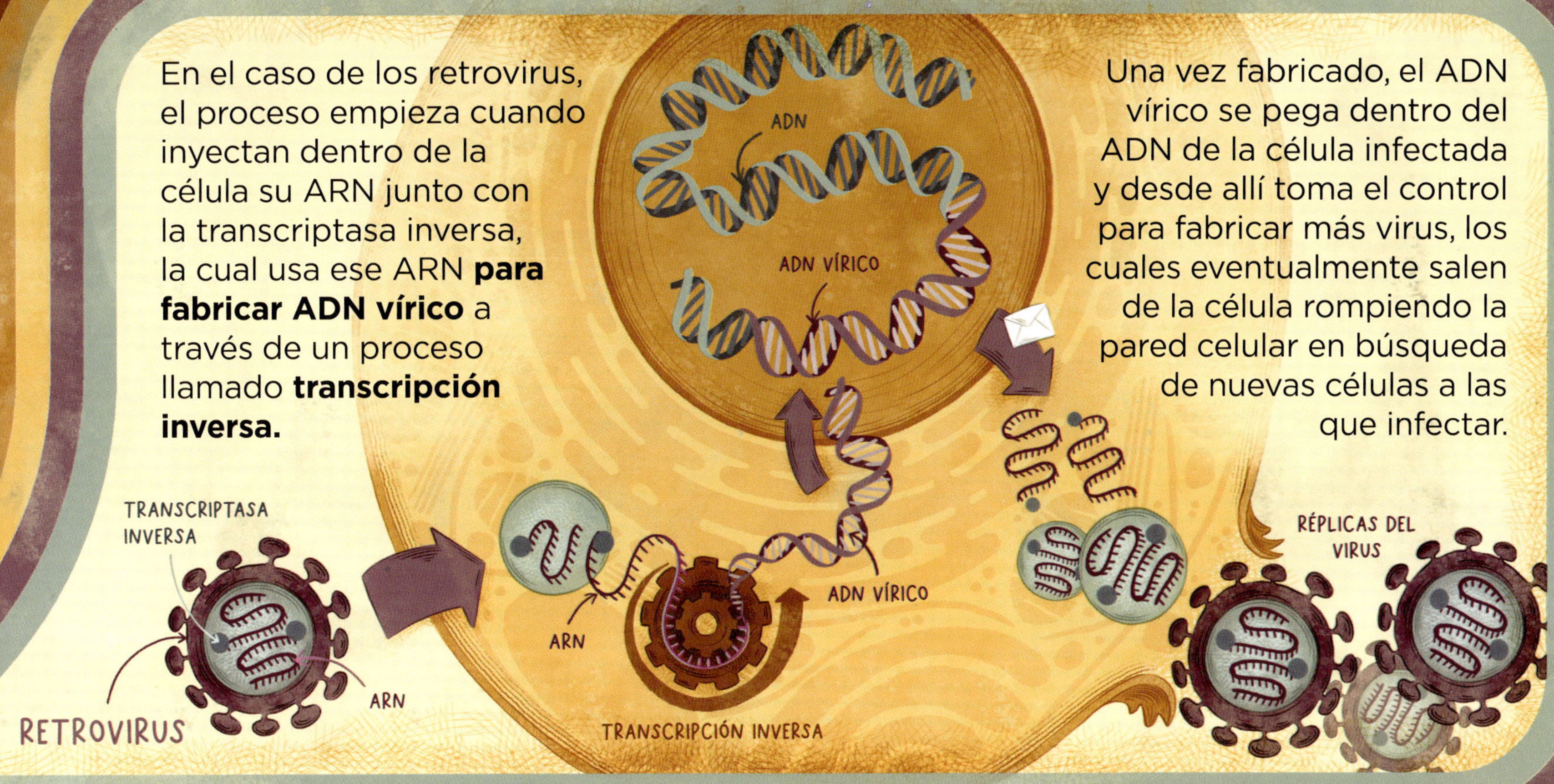

Una vez fabricado, el ADN vírico se pega dentro del ADN de la célula infectada y desde allí toma el control para fabricar más virus, los cuales eventualmente salen de la célula rompiendo la pared celular en búsqueda de nuevas células a las que infectar.

En 1981 se detectaron los primeros casos del **Síndrome de Inmunodeficiencia Adquirida** (SIDA), enfermedad caracterizada por un grave deterioro del sistema inmunitario de los pacientes que los hace muy vulnerables a cualquier tipo de infección. Dos años después se supo que la enfermedad está causada por un retrovirus: el Virus de la Inmunodeficiencia Humana (VIH).

El descubrimiento de los retrovirus derivó en críticas a la idea del "Dogma Central de la Biología Molecular". En respuesta a esas críticas, Francis Crick, quien planteó la idea originalmente, tuvo que aclarar que en el dogma también se podía incluir el paso de información de ARN a ADN. Años después, incluso el propio Francis Crick admitió que en su momento no había entendido bien el significado de la palabra "dogma", y que hubiera sido mejor utilizar otro término.

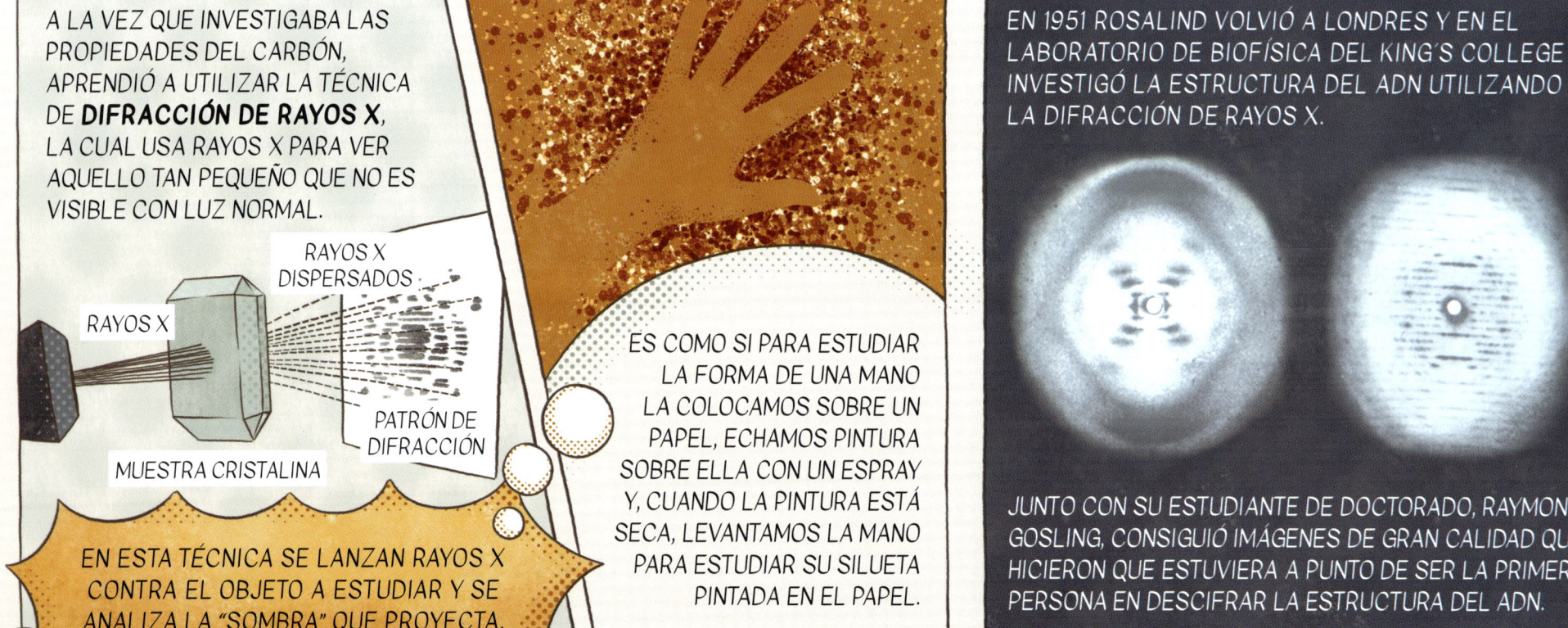

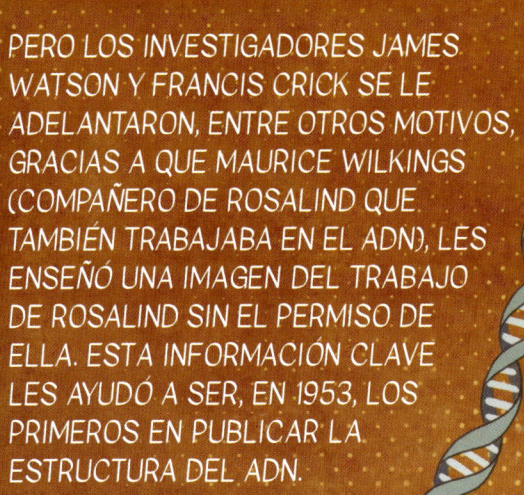

PERO LOS INVESTIGADORES JAMES WATSON Y FRANCIS CRICK SE LE ADELANTARON, ENTRE OTROS MOTIVOS, GRACIAS A QUE MAURICE WILKINGS (COMPAÑERO DE ROSALIND QUE TAMBIÉN TRABAJABA EN EL ADN), LES ENSEÑÓ UNA IMAGEN DEL TRABAJO DE ROSALIND SIN EL PERMISO DE ELLA. ESTA INFORMACIÓN CLAVE LES AYUDÓ A SER, EN 1953, LOS PRIMEROS EN PUBLICAR LA ESTRUCTURA DEL ADN.

ESE MISMO AÑO, HUYENDO DEL MAL AMBIENTE DE TRABAJO EN SU LABORATORIO, ROSALIND SE MUDÓ AL BIRKBECK COLLEGE, DONDE PASÓ A INVESTIGAR LA ESTRUCTURA DE LOS VIRUS Y TUVO UNA PRODUCCIÓN CIENTÍFICA EXCEPCIONAL HASTA SU FALLECIMIENTO EN 1958.

¡GUAU!

PUBLICÓ DATOS CLAVE SOBRE LA ESTRUCTURA DEL VIRUS DEL MOSAICO DEL TABACO, QUE CURIOSAMENTE ES EL PRIMER VIRUS DESCUBIERTO.

Y TAMBIÉN OBTUVO INFORMACIÓN MUY IMPORTANTE SOBRE EL VIRUS DE LA POLIO, EL CUAL DURANTE GRAN PARTE DEL SIGLO XX FUE UN PATÓGENO DEVASTADOR.

¡MUCHAS GRACIAS, ROSALIND!

TRAS SU FALLECIMIENTO, FUERON SUS COLABORADORES AARON KLUG (DÉCADAS DESPUÉS GANARÍA EL PREMIO NOBEL DE QUÍMICA) Y JOHN FINCH LOS QUE PUBLICARON LA ESTRUCTURA DEL VIRUS DE LA POLIO, DEDICANDO LA PUBLICACIÓN A ROSALIND.

EN 1962, CUANDO RECIBIERON EL PREMIO NOBEL, NI WATSON NI CRICK LA MENCIONARON EN SUS DISCURSOS, Y WILKINGS SE LIMITÓ A HACER UNA BREVE REFERENCIA A LA IMPORTANCIA DE SU TRABAJO.

SIN EMBARGO, AFORTUNADAMENTE, DÉCADAS DESPUÉS SE ESTÁ EMPEZANDO A VISIBILIZAR EL TRABAJO DE ROSALIND Y, AHORA QUE TÚ TAMBIÉN CONOCES SU HISTORIA, ¡PUEDES COMPARTIRLA PARA QUE TODO EL MUNDO CONOZCA A ESTA **SUPERCIENTÍFICA!**

EL CICLO CELULAR

Aunque estamos formados por millones de millones de células, todos comenzamos siendo una única célula llamada **cigoto**

¿CÓMO ES POSIBLE QUE ACABEMOS SIENDO TAN GRANDES EMPEZANDO DESDE ALGO TAN PEQUEÑO?

Hay una leyenda... sobre un rey que durante una partida de ajedrez aceptó que, si perdía, pagaría a su adversario una cantidad de monedas calculada colocando en la primera casilla del tablero de ajedrez una moneda de oro, en la siguiente casilla dos monedas, en la siguiente cuatro, y en cada casilla el doble que en la anterior... y así hasta llegar a la última casilla, la número 64. La suma de las monedas en todas las casillas fue lo que el rey tuvo que pagar cuando perdió, ¡y se arruinó por ello! Si probáis a hacer la cuenta veréis que la cantidad de monedas va creciendo rápidamente hasta llegar a cantidades imposibles de pagar. Por ejemplo, ya "solo" en la última casilla del tablero de ajedrez hay que poner 9.234.000 billones de monedas.

Este truco de multiplicación también lo utilizamos los seres vivos, ya que durante nuestra formación la gran mayoría de las células es capaz de dividirse produciendo dos células hijas idénticas, estas células se dividen generando otras dos células...

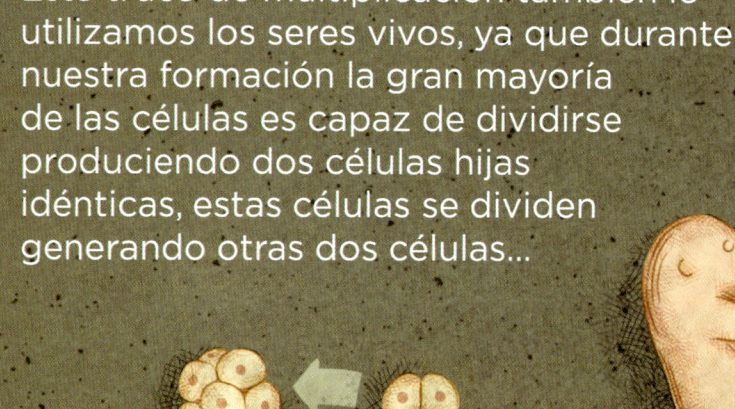

... y así sucesivamente hasta que acabamos de crecer.

A partir de ese momento casi todas las células dejan de multiplicarse y solo unas pocas siguen haciéndolo para reponer las células que vamos perdiendo. Estas son las famosas células madre o células troncales adultas.

Lo interesante es que cada vez que se divide una célula, esta siempre pasa por las mismas fases y en el mismo orden siguiendo lo que se conoce como

Ciclo Celular

inicio

FASE G1
Crecimiento general de la célula

FASE S
Durante la fase S se duplica el ADN

FASE G2
La célula sigue creciendo y se prepara para la división.

LA MITOSIS
Fase final del ciclo donde una división genera un par de células, cada una con dos copias de ADN.

Gracias a este ciclo, una célula con dos copias de sus cromosomas, una CÉLULA DIPLOIDE, produce dos células diploides idénticas.

LA MEIOSIS

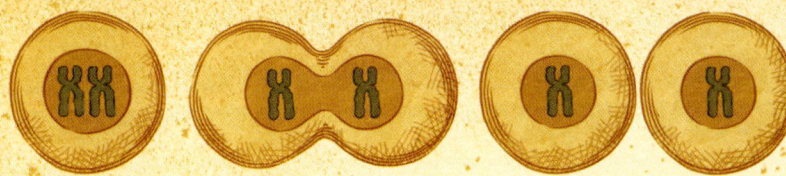

"AL IGUAL QUE LAS CÉLULAS QUE NOS FORMAN, TODOS LOS SERES VIVOS TAMBIÉN HACEMOS COPIAS DE NOSOTROS MISMOS. PERO NO TODOS NOS REPRODUCIMOS DE LA MISMA FORMA."

Por un lado está la reproducción asexual, gracias a la cual un organismo hace copias idénticas de sí mismo. Esta estrategia de reproducción suele ser seguida por organismos compuestos por una única célula, como las bacterias.

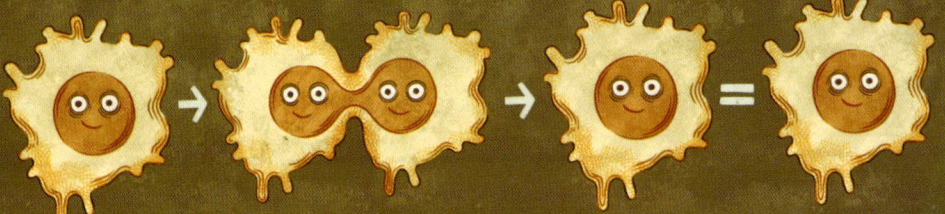

A ESTAS COPIAS SE LAS DENOMINA CLONES, YA QUE SON IGUALES QUE EL ORIGINAL.

Y, por otro lado, está la reproducción sexual, gracias a la cual las copias no son iguales al original sino la mezcla de dos seres vivos de la misma especie.

Como hemos visto, la gran mayoría de nuestras células son

Diploides

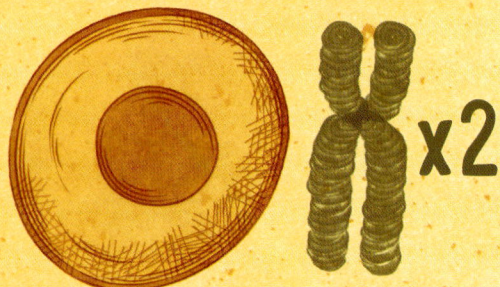
x2

TIENEN DOS COPIAS DE LOS CROMOSOMAS

pero hay una pequeña excepción

las células **Haploides** son las **células sexuales** o también llamadas **gametos**

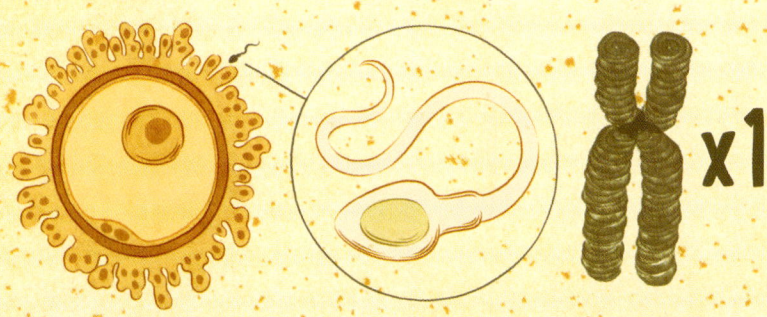
ÓVULO   ESPERMATOZOIDE   x1

SOLO TIENEN UNA COPIA DE LOS CROMOSOMAS

Las células **haploides** se fabrican a través de la

Meiosis

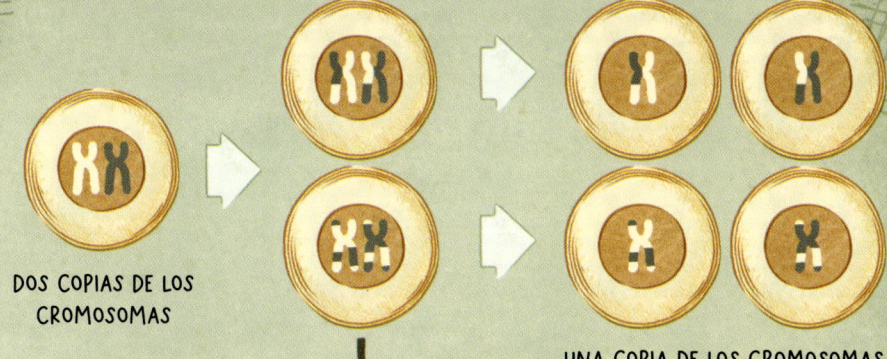

y además durante la meiosis las parejas de cromosomas iguales se mezclan, se recombinan, entre ellas; esto hace que los cromosomas cambien un poquito.

Las células **diploides** se fabrican a través de la

Mitosis

durante el ciclo celular habitual

Y cuando se fusionan los gametos de dos individuos distintos se crea un cigoto, el cual hereda la mitad de los genes del padre y la otra mitad de la madre.

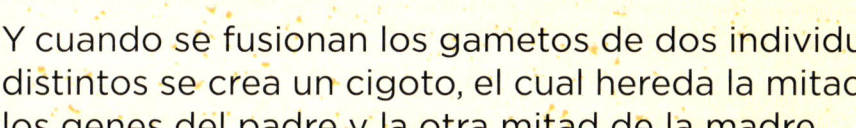

Gracias a la mezcla y la recombinación durante la meiosis se genera la diversidad genética que nos hace a todos un poco diferentes, y esto es esencial para la supervivencia, porque un grupo de gente diversa tiene más posibilidades de adaptarse a los cambios que uno donde todos son iguales.

Así que, en genética, a veces es importante la mezcla.

¿Sabías que las razas no existen en el ser humano?

Tradicionalmente se ha clasificado a las personas dentro de grupos según rasgos físicos muy concretos, como el color de la piel o la altura. Sin embargo, gracias a la genética sabemos que dos personas clasificadas como miembros de "razas" distintas pueden ser genéticamente más parecidas que dos personas de la misma "raza" y, por tanto, el término raza no se puede aplicar en los seres humanos.

¿POR QUÉ SOY ASÍ?

Nuestro cuerpo es de una forma u otra, en gran medida, según los genes que heredamos de nuestros padres.

Así que ahora vamos a ver cómo se relacionan los genes para generar cosas como nuestra altura o color de ojos.

Imagina que hubiera un mundo donde la gente naciera con el pelo de color verde o de color morado.

¡SERÍA MUY GUAY!

Tan guay que querríamos saber cómo es posible, y descubrimos que hay un gen **MORADO** responsable del color morado, y un gen **VERDE** que da un color verde.

Con esta información sabemos que **MORADO** y **VERDE** son las variantes del gen que produce el color de pelo en esas personas.

De igual manera que para ir al colegio puedes ir andando, en coche, en bicicleta ¡o incluso en helicóptero!, los genes pueden hacer su trabajo de distintas formas, ya que tienen distintas variantes, que denominamos **alelos**.

En este mundo ocurriría que el gen que se ocupa de fabricar el color del pelo de la gente tiene **dos** variantes, una que produce color morado y otra que da color verde.

Como los humanos tenemos dos copias de cada gen, si ambas copias son del alelo **VERDE** o **MORADO** está claro del color que tendríamos el pelo pero...

¿Qué pasaría si alguien tiene un alelo **VERDE** y otro **MORADO**?

Pues una posibilidad es que un gen sea dominante sobre el otro, lo cual significa que, si tenemos una copia de cada uno, solo se verá el color del gen dominante. Por ejemplo, si el morado es dominante, alguien con un alelo **MORADO** y otro **VERDE** siempre nacerá con el pelo de color morado.

Esto nos enseña algo muy importante: la diferencia entre

GENOTIPO Y FENOTIPO.

El **genotipo** son los genes que hemos heredado

mientras que el **fenotipo** es la manifestación externa de estos genes.

¡Y MUCHAS VECES NO SON LO MISMO!

Así, si alguien nace con el pelo verde está claro que en su genotipo tiene dos copias de **VERDE**,

pero si nace con el pelo morado existen dos posibilidades: que tenga los dos genes **MORADOS** o uno de cada, ¡así que necesitaríamos más información para adivinar su genotipo a partir del fenotipo!

Las Leyes

Aunque la genética nace a principios del siglo XX, fue en el siglo XIX cuando vivió una de las personas más importantes en este campo. Déjame que te presente a Gregor Mendel:

¡SALUDOS GENÉTICOS, GREGOR!

¡SALUDOS GENÉTICOS, BARBARA!

Gregor fue un monje europeo que tenía muchísima curiosidad por saber cómo se heredan los rasgos de padres a hijos en las plantas. Y como tenía un huerto, se puso a cruzar durante años distintos tipos de plantas del guisante estudiando qué salía de cada cruce. Gracias a ello, Mendel dedujo que los rasgos no pasan de generación en generación al azar, sino que en muchos casos siguen una serie de normas que ahora se conocen como las **Leyes de Mendel**:

1. Ley de Dominancia y Uniformidad:

que explica que algunos alelos son dominantes sobre otros, haciendo que baste con heredar un alelo dominante para que el fenotipo sea el del alelo dominante, incluso aunque se tenga también un alelo recesivo, es decir, un alelo no dominante.

ALELO DOMINANTE: COLOR VERDE

ALELO RECESIVO: COLOR AMARILLO

- PADRES -

HIJOS

de Mendel

2. Ley de la Segregación:

según la cual cada padre o madre solo transmite uno de sus dos alelos.

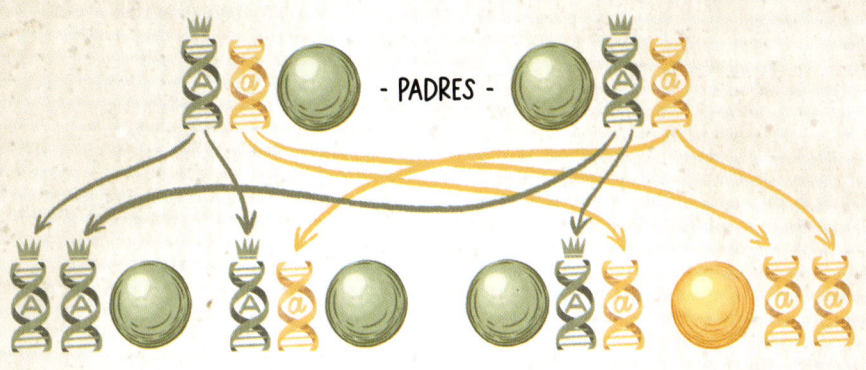

Uno de los grandes méritos de los resultados de Mendel es que se consiguieron mucho antes de que se conociera qué es un gen, el ADN o cómo se forman los gametos, ¡y todo lo hizo cruzando guisantes y apuntando los resultados durante años!

Sin embargo, es importante saber que hay muchas excepciones a las Leyes de Mendel, ya que no toda la genética sigue estas normas.

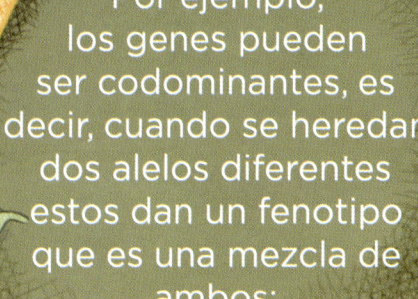

Por ejemplo, los genes pueden ser codominantes, es decir, cuando se heredan dos alelos diferentes estos dan un fenotipo que es una mezcla de ambos;

3. Ley de la Independencia:

según la cual cada tipo de alelo se hereda independientemente del resto. Esto último explica por qué, por ejemplo, heredar un color de ojos u otro no condiciona también nuestra estatura o el color de nuestro pelo.

ALELO DOMINANTE: COLOR VERDE

ALELO DOMINANTE: TEXTURA LISA

ALELO RECESIVO: COLOR AMARILLO

ALELO RECESIVO: TEXTURA RUGOSA

- PADRES -

 VERDES LISOS

 AMARILLOS LISOS

 VERDES RUGOSOS

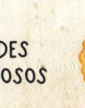 AMARILLO RUGOSO

HIJOS

y también ocurre que algunos alelos no se hereden de una forma totalmente independiente los unos de los otros.

CODOMINANCIA

Pero pese a sus limitaciones, las Leyes de Mendel fueron de mucha ayuda en los primeros pasos de la genética, **¡así que gracias por todo tu trabajo, Gregor!**

LOS TRANSPOSONES

Imagina que, en un libro, algunas palabras fueran capaces de moverse, de saltar a otra frase, saltar de párrafo o incluso de página.

Como te conté al principio del libro, cuando estudiaba las mazorcas de maíz vi que algunos patrones de colores de los granos eran muy raros: eran tan caóticos que no tenían mucho sentido. No se podían explicar con las leyes de Mendel o el resto de cosas que sabíamos en la primera mitad del siglo XX, ¡así que me puse a investigarlo!

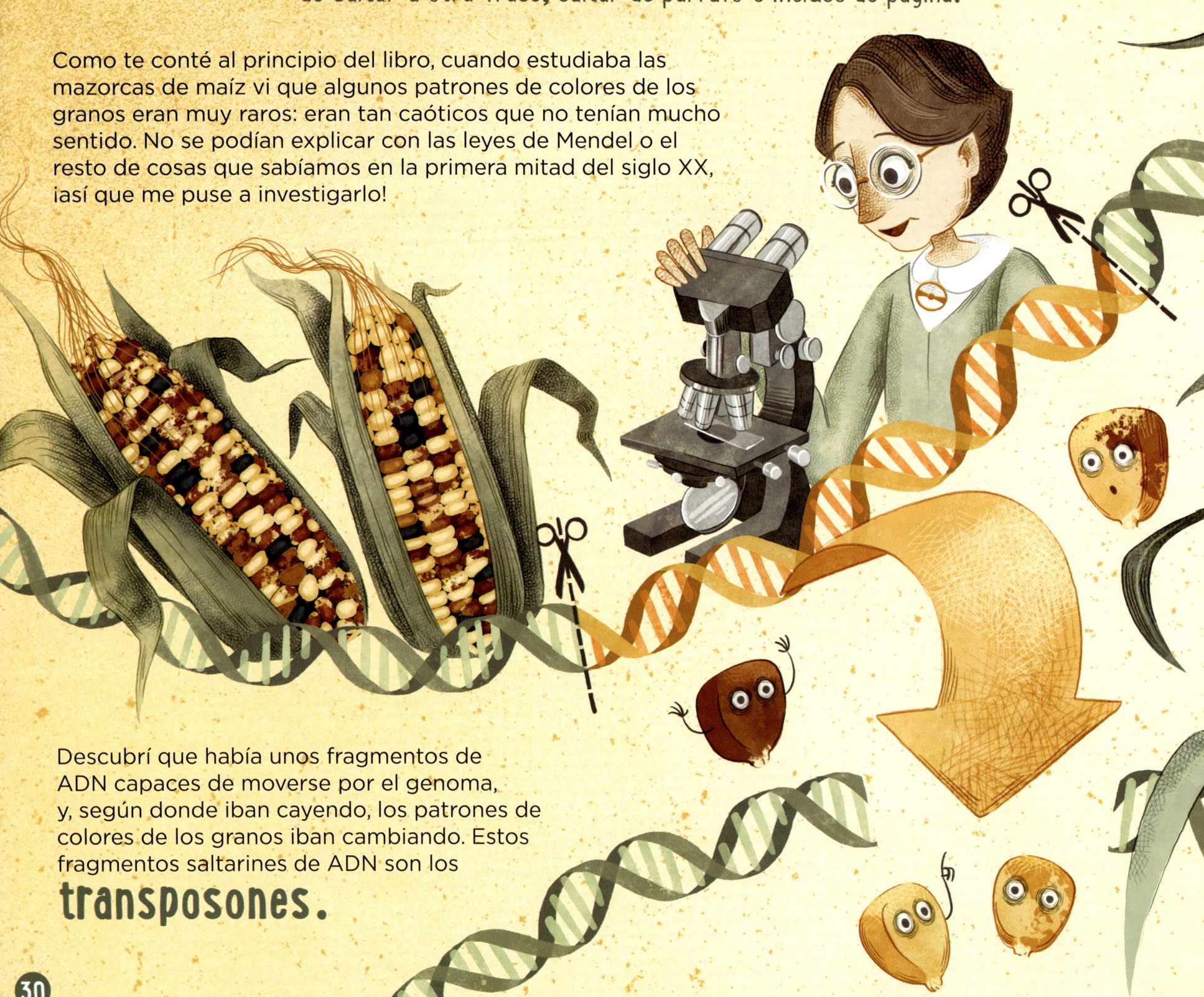

Descubrí que había unos fragmentos de ADN capaces de moverse por el genoma, y, según donde iban cayendo, los patrones de colores de los granos iban cambiando. Estos fragmentos saltarines de ADN son los **transposones.**

En 1950, publiqué un resumen de mis resultados, y la idea de que hubiera partes del genoma capaces de moverse fue tan revolucionaria que pasaron años hasta que me creyeron.

Con el tiempo se descubrió que los transposones están presentes en prácticamente todos los seres vivos —insectos, plantas, animales, ¡incluidos nosotros!—, y también en organismos como virus o bacterias.

Durante estas décadas de investigación fueron especialmente importantes los trabajos de Nina Fedoroff, que consiguió por primera vez describir a nivel molecular cómo eran los transposones, y Maxine Singer, quien descubrió por primera vez los transposones en el genoma humano.

En algunos organismos, los transposones suponen la mayor parte del genoma: por ejemplo, se calcula que hasta dos tercios del genoma humano son transposones. Sin embargo, son transposones que en su mayoría han perdido la capacidad de moverse de un lado a otro.

Sabemos que hay casos en los que los transposones generan enfermedades, porque al saltar dañan las zonas genéticas en donde caen, ¡pero todavía hay mucho por aprender sobre ellos!

Yo disfruté tanto trabajando que incluso cuando dejé la investigación seguí en contacto con la ciencia toda mi vida.

Y ahora, te toca a ti seguir aprendiendo cosas científicas.

Hay libros, películas y cómics llenos de mutantes: seres cuyo genoma cambia y esto les otorga superpoderes o los transforma en terribles monstruos, pero ¿sabías que...

¡todos somos MUTANTES?!

Una mutación no es más que un cambio en el genoma, un cambio que puede ser grande o pequeño: desde la falta de un nucleótido, entre los 3.000 millones que tenemos, a la pérdida de un gen o, incluso, cromosomas enteros. Además, las mutaciones son cambios donde se puede perder parte del genoma, pero también sustituirla por otra o ganar una nueva... ¡menudo lío!

Es frecuente que aparezcan mutaciones cada vez que una célula duplica su ADN para producir nuevas células. Aunque las células hacen el duplicado con cuidado, es muy difícil copiar algo sin equivocarse un poco.

Si quieres, haz la prueba: reta a un amigo a ver quién es el más rápido copiando unas páginas de vuestro libro favorito. Si el primero que acaba de escribir no ha cometido ningún error, gana; pero si hay algún error, pierde.

LOS TELÓMEROS
Y EL ENVEJECIMIENTO GENÉTICO

Con el tiempo las células de nuestro cuerpo van acumulando mutaciones en su genoma, es algo inevitable.

Cuantas más mutaciones haya, más probable es que un grupo de células empiece a funcionar mal y se desarrolle una enfermedad, pero por suerte, nuestro genoma cuenta con sistemas de seguridad que previenen muchos problemas.

Uno de los sistemas más importantes son los telómeros.

Los telómeros son los extremos de los cromosomas y están formados por la repetición de un fragmento muy corto de ADN unido a proteínas.

Esto crea una estructura alargada que se enrolla sobre sí misma y cierra los cromosomas, evitando que los extremos se queden desprotegidos.

Así que los telómeros son un poco como una bufanda cromosómica. Una bufanda hecha siguiendo un patrón que se repite una y otra vez. En los vertebrados es TTAGGG

La cualidad más importante de los telómeros es su longitud, porque cada vez que una célula se divide estos se acortan un poquito.

Gracias a ellos la célula puede hacerse una idea de cómo está su genoma sin tener que revisarlo todo entero: si los telómeros están estropeados, seguramente el resto del ADN también lo estará;

y si los telómeros son muy cortos será porque la célula se ha dividido mucho, y sabemos que con cada división el genoma acumula nuevas mutaciones.

Si los telómeros se vuelven muy cortos o están muy estropeados, la célula reacciona dejando de dividirse, para evitar crear células hijas con un ADN ya muy envejecido (lleno de mutaciones) o, incluso, puede entrar en **apoptosis**.

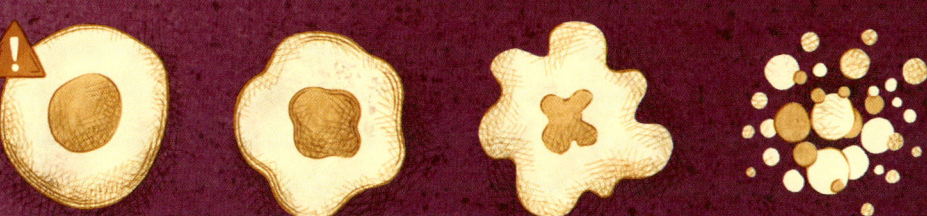

La apoptosis es un proceso por el cual la célula, cuando empieza a estar mal y antes de empezar a causar problemas, se desmantela y muere.

En resumen: los telómeros funcionan como un sistema de alarma genética que, cuando se acortan demasiado, activan un freno biológico: la célula bloquea su multiplicación o incluso sacrifica su vida.

Es un sistema tan importante que hay enfermedades que necesitan desactivar este sistema de seguridad para poder desarrollarse: por ejemplo, en más del 90 % de los tumores, las células cancerígenas piratean los telómeros para que no salte la alarma y las células tumorales puedan multiplicarse indefinidamente.

MOSAICOS...

Te voy a contar algo guay: por qué casi todos los gatos con un pelaje naranja y negro son, en realidad, gatas.

Estos felinos poseen un gen situado en el cromosoma X que define en parte el color del pelo, el cual tiene dos alelos:

UNA VARIANTE DA EL COLOR NARANJA    Y OTRA DA EL COLOR NEGRO

Y aquí un punto importante, descubierto por la científica Mary Lyon, es que los mamíferos, gatos y personas incluidos, si nacen con dos cromosomas sexuales XX **solo emplean uno de ellos.**

Pero el cromosoma que utilizan es aleatorio: en cada célula del animal se inactiva uno u otro.

Cuando vemos una gata con un pelaje naranja y negro, lo que estamos viendo es una gata que ha heredado de sus padres el color negro y el naranja, pero en unas células del pelaje solo utiliza el cromosoma X que da el color naranja y en otras el que da el color negro.

Estas gatas, que reciben el nombre de gatas carey (salvo que también tengan parte del pelaje blanco, entonces se las suele llamar cálico o tricolor), son un ejemplo de **MOSAICO GENÉTICO.**

Normalmente todas las células de un individuo comparten el mismo genoma, pero, por mutaciones o fenómenos como el de las gatas carey, un ser vivo puede tener grupos celulares con el mismo origen pero que utilizan información genética ligeramente diferente.

Estas variaciones son tan frecuentes que todos somos mosaicos genéticos, y solo suele usarse el término cuando aparece un efecto fenotípico claro, como puede ser sea un patrón especial de color en el pelaje o una enfermedad.

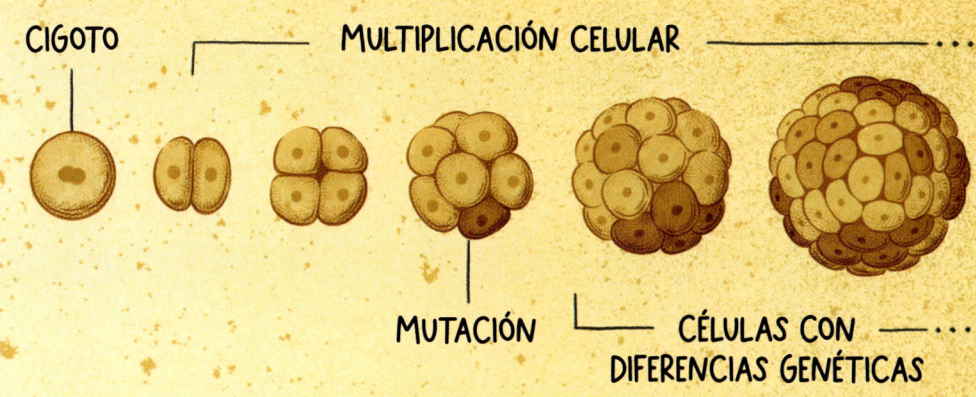

... Y QUIMERAS

¿Sabes qué es una quimera? En la mitología griega es un monstruo que escupe fuego y, por ejemplo, puede tener la cabeza de un león, el cuerpo de una cabra y la cola de una serpiente.

¡Pues en la vida real también hay quimeras!

Muy de vez en cuando ocurre que, al principio de un embarazo múltiple, los futuros "hermanos" se fusionan. Como resultado de esta unión, nace un solo animal, pero sus células son la mezcla de las células de los distintos hermanos que se fusionaron antes de nacer y, por lo tanto, son células con genomas diferentes.

Una Quimera. Ilustración del pintor italiano Jacopo Ligozzi (1547–1627)

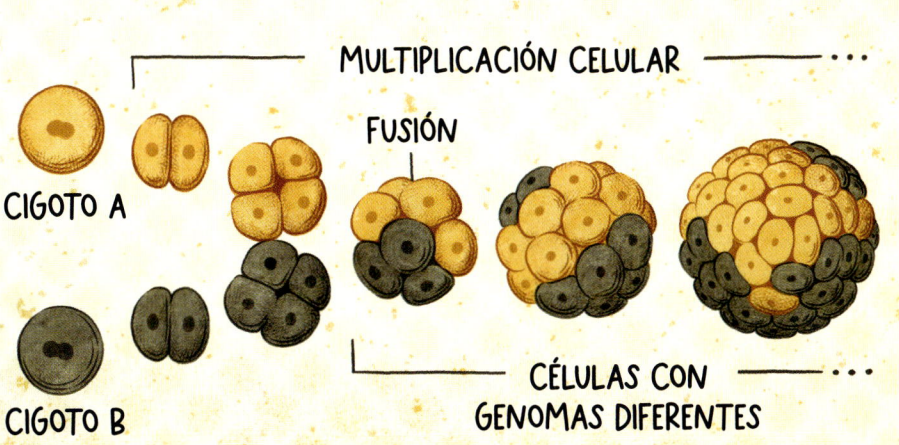

Los seres vivos, humanos incluidos, que nacen de esta fusión son considerados quimeras y, a diferencia de las de la mitología griega, estas quimeras en la realidad suelen tener un aspecto y una vida igual que el resto de su especie.

MÁS ALLÁ DE LA GENÉTICA: LA EPIGENÉTICA

En el lenguaje son tan importantes las palabras como la forma de expresarlas. En función del tono, puede cambiar el significado de una frase. Podemos expresarnos gritando, susurrando o incluso cantando. Hablar más rápido o más lento... La fuerza de las palabras cambia mucho según como las pronunciemos.

Y lo mismo ocurre con nuestro genoma.

Estaré siempre a tu lado.

ESTARÉ SIEMPRE A TU LADO.

Ya sabemos que los genes son las partes del genoma que producen moléculas. Y un mismo gen puede tener distintos niveles de actividad: desde estar inactivado, lo que se conoce como gen silenciado, a generar grandes cantidades de moléculas.

Las variaciones en los niveles de activación de un gen se llaman **cambios de expresión**. Al igual que nosotros, un gen puede hablar desde muy fuerte a muy flojo o, incluso, quedarse en silencio.

Los cambios que modulan la expresión de un gen sin afectar la secuencia genética se conocen como **cambios epigenéticos**. Son cambios que modifican la estructura de la cromatina, haciendo más o menos fácil de leer algunas partes del genoma y que, además, pueden pasar de una generación celular a otra. Si las mutaciones genéticas son las variaciones en las letras y palabras que forman los genes, **la epigenética es la fonética de nuestro genoma: cómo se expresan en cada momento.**

Y mientras que las mutaciones son irreversibles, la epigenética puede variar a lo largo de nuestra vida...,

del mismo modo que una canción puede ser interpretada de distintas formas según el cantante, lugar donde se interprete, etc.

Igual que según dónde vivimos hablamos con un acento u otro, se ha visto que el ambiente que nos rodea, nuestros hábitos y experiencias pueden generar cambios epigenéticos que modifiquen el funcionamiento de nuestros genes.

Todavía se está investigando cómo algunas de estas variaciones epigenéticas pueden transmitirse de una generación a otra.

Quizás la vida que llevamos influye no solo en nosotros sino también en el epigenoma que pasamos a nuestros descendientes.

CONTAMINACIÓN AMBIENTAL

CONSUMO DE ALCOHOL Y TABACO

ESTRÉS

EJERCICIO FÍSICO

ALIMENTACIÓN SALUDABLE

DESCANSO

Se ha visto que la exposición a sustancias, ambientes o hábitos tóxicos pueden generar cambios epigenéticos perjudiciales para la salud, ¡pero también es posible lo contrario!

Costumbres y entornos saludables pueden favorecer un mejor funcionamiento de nuestro genoma a través de modificaciones epigenéticas.

Y como la epigenética es algo plástico, cuidándonos en el presente podemos reducir el efecto de experiencias y hábitos poco sanos del pasado.

CLONACIÓN: LA OVEJA DOLLY

El 5 de julio de 1996, nació en Escocia la oveja más famosa de la historia.

Que no era una oveja cualquiera, ¡era un clon!

Los clones son células u organismos que tienen exactamente la misma información genética. Por ejemplo, técnicamente, los hermanos gemelos son clones el uno del otro.

Dolly no fue el primer clon artificial de la historia, pero sí fue el primer mamífero conseguido a partir de la información de células somáticas.

En los animales existen las **células germinales,** que se utilizan para fabricar los gametos necesarios para tener hijos,

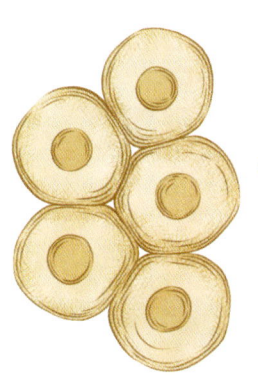

y el resto son las **células somáticas,** que forman casi todo nuestro cuerpo desde los huesos a la piel o los músculos, pelo, tendones...

Y gracias a Dolly se probó que también las células somáticas tienen la información genética necesaria para fabricar un organismo entero.

0. Como todos los animales empezamos siendo un cigoto, para fabricar un clon necesitamos crear un cigoto con la información genética que queremos. De modo natural un cigoto aparece al unir un gameto llamado espermatozoide y otro llamado óvulo...

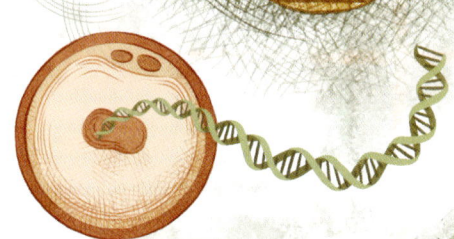

¡RESUCITANDO ANIMALES EXTINTOS!

Ahora que sabes cómo funciona la clonación, quizás se te ha ocurrido la idea de clonar especies desaparecidas para que vuelvan a la vida.

Para clonar un animal necesitamos varias cosas, entre las que destaca su material genético intacto ¡y resulta que es imposible conseguir el de un dinosaurio!

Sus fósiles son esqueletos petrificados donde ha desaparecido el material orgánico, y todos los intentos de conseguir sangre de dinosaurio a partir de mosquitos conservados en ámbar han fallado.

404 ERROR — DNA NOT FOUND

Así que es imposible clonar un dinosauro,

¿Pero qué tal algo tan impresionante como un mamut?

Por ejemplo, ¿podríamos clonar un dinosaurio?

Los dinosaurios se extinguieron hace unos 66 millones de años mientras que los mamuts vivieron mucho más tarde, y los últimos de ellos sobrevivieron hasta el final de la última Edad de Hielo, hace unos 11.000 años, e incluso hubo una especie que vivió hasta hace unos 4.000 años. Haciendo cuentas, es como si los dinosaurios se hubieran extinguido hace un año y los últimos mamuts hace algo más de media hora.

Como los mamuts se han extinguido hace relativamente "poco" tiempo, ha sido posible conseguir material genético suyo. Gracias a estos **se ha podido secuenciar el genoma del mamut**, ¡y hemos aprendido muchas cosas sobre ellos!

Pero es imposible fabricar a partir de esa secuencia un genoma para clonarlo, e incluso los núcleos extraídos de células de mamut parece que están demasiado dañados como para que el proceso de clonación funcione.

El material genético se deteriora tan rápidamente que los únicos animales que podríamos intentar clonar serían aquellos de los cuales tenemos muestras recientes y bien conservadas. Un intento de clonar una especie extinta fue la del bucardo, un tipo de cabra pirenaica cuyo último ejemplar falleció en el año 2000. Poco antes de su fallecimiento se le extrajeron células a partir de las cuales se creó, en el 2008, un clon que desgraciadamente murió a los pocos minutos de nacer.

Pese a las dificultades, hay varios proyectos de conservación animal que están recogiendo muestras celulares para, quizás en un futuro, usar la clonación como una opción que ayude a especies extintas o en peligro de extinción. Sin embargo, presenta tantas dificultades y consume tantos recursos que, en vez de pensar en utilizar la clonación para resucitar especies extintas, **es mucho mejor cuidarlas para que no desaparezcan**.

LOS TRANSGÉNICOS

Uno de los mayores tesoros de la genética se encontró en el mar. En 1961 el investigador Osamu Shimomura estaba estudiando una pequeña medusa fluorescente azul, y descubrió que había varias proteínas involucradas en su fluorescencia.

Entre ellas había, en muy pequeña cantidad, una proteína que emitía luz verde, y que ahora se conoce como **proteína fluorescente verde.**

GFP *Green Fluorescent Protein*, en inglés.

Algo más de 30 años después los investigadores empezaron a poder insertar la GFP dentro del genoma de seres vivos, y ahora esto se hace rutinariamente para marcar cambios genéticos artificiales: cuando los científicos introducen un gen en un genoma añaden también la GFP para poder "ver" dónde se queda el gen nuevo. Esto es tan útil que, en 2008, ganaron el Premio Nobel de Química los científicos más importantes que trabajaron en la GFP, ¡y uno de ellos fue Shimomura!

GFP + NUEVO GEN

Así pues, los organismos a los que se les añade la GFP son organismos transgénicos:

un organismo transgénico es aquel al cual se le ha introducido artificialmente información genética, normalmente uno o varios genes, en su genoma.

La idea es que gracias a estos nuevos genes los organismos transgénicos ganan propiedades que antes no tenían, y estos genes pueden ser del mismo organismo o de otro ser vivo.

Actualmente existen organismos transgénicos de todo tipo: animales grandes y pequeños, plantas, e, incluso, microorganismos. Algunos están en fase experimental, como el trigo con genes que lo hacen más resistente a la sequía.

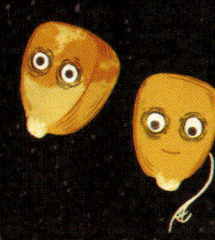

MIENTRAS QUE OTROS LLEVAN DÉCADAS SALVANDO VIDAS.

Hay bacterias transgénicas que se usan para fabricar insulina: en el mundo hay unos 500 millones de personas que padecen diabetes y casi todas, en mayor o menor grado en algún momento de su vida, necesitan insulina para sobrevivir.

El problema es que la insulina es una proteína muy compleja de fabricar, pero hay un truco: los científicos colocan el gen de la insulina humana en la bacteria *Escherichia coli*, y esta empieza a fabricar insulina. Esta insulina se purifica y se prepara para tratar a pacientes diabéticos.

- ESCHERICHIA COLI
- CÉLULA HUMANA
- ADN DE LA BACTERIA
- GEN DE LA INSULINA HUMANA
- SE INTRODUCE EL GEN DE LA INSULINA EN EL ADN DE LA BACTERIA
- SE INTRODUCE EL ADN COMBINADO EN LA BACTERIA
- CRECIMIENTO DE LAS COLONIAS DE BACTERIAS
- EXTRACCIÓN Y PURIFICACIÓN
- INSULINA

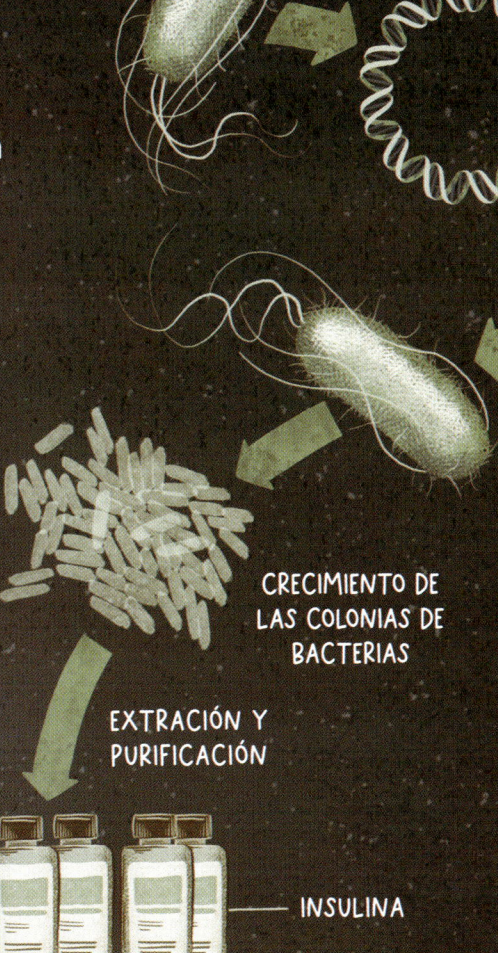

Desde hace décadas los transgénicos son algo habitual en investigación, producción farmacéutica... y están llegando a otras industrias, ya que tienen un gran potencial tecnológico. Pero su impacto real depende mucho de cómo los usemos.

LA TERAPIA GÉNICA

El genoma es una máquina biológica de precisión y, a veces, un cambio, una mutación, puede estropear su funcionamiento y provocar un problema de salud. Esto, por ejemplo, es lo que ocurre en muchas enfermedades raras.

Las enfermedades raras, o infrecuentes, son aquellas que afectan a menos de 1 persona por cada 2.000; pero como hay miles de estas enfermedades, el 6-8 % de la población sufre alguna.

Esto supone que, en una clase de treinta alumnos, es probable que dos de ellos padezcan en algún momento de sus vidas una enfermedad rara.

> LA GRAN MAYORÍA DE ESTAS ENFERMEDADES TIENEN UN ORIGEN GENÉTICO, POR LO CUAL RESULTAN CASI IMPOSIBLES DE CURAR, YA QUE HABRÍA QUE CAMBIAR LAS PIEZAS GENÉTICAS QUE FALLAN, Y ESO ES ALGO QUE SOLO SE PUEDE HACER A TRAVÉS DE LA TERAPIA GENÉTICA.

La terapia génica o genética engloba aquellos tratamientos que buscan reparar los errores genéticos que causan una enfermedad, y se puede dividir en dos grupos:

TERAPIA "EX VIVO"

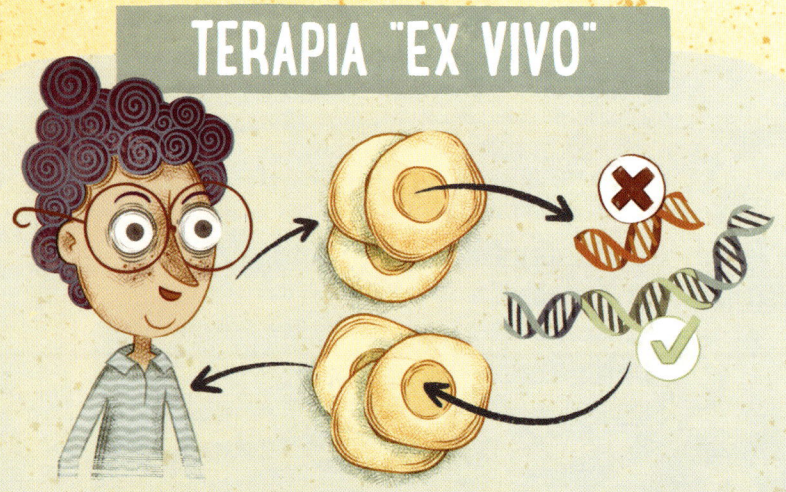

En la terapia *ex vivo* se sacan células del paciente, estas se modifican genéticamente y se devuelven al paciente.

TERAPIA "IN VIVO"

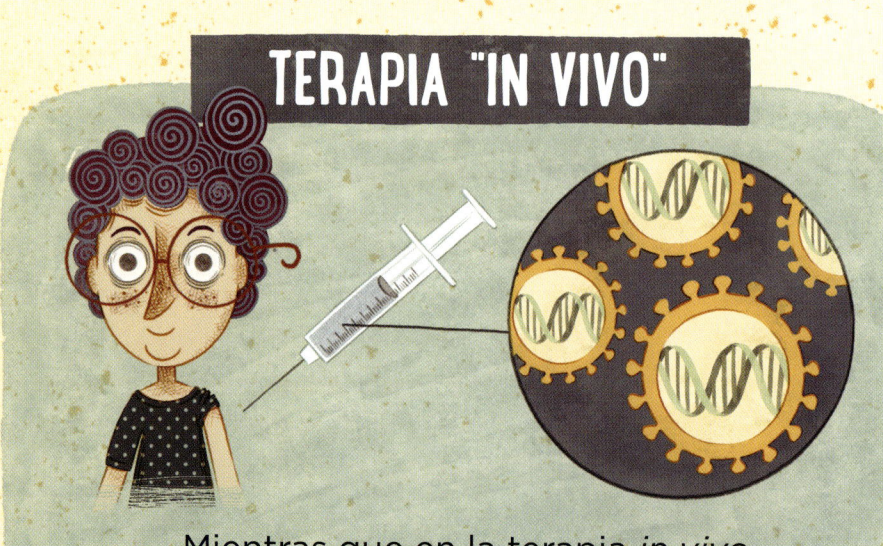

Mientras que en la terapia *in vivo* directamente se le suministra al paciente un tratamiento que modifica su genoma.

Con frecuencia la terapia génica trata de arreglar un gen estropeado o sustituirlo por uno sano, ¡pero se pueden hacer más cosas!

Por ejemplo, sabemos que las células cancerígenas son células mutantes que escapan de nuestras defensas, entre las cuales está el sistema inmunitario (que es como la policía de nuestro cuerpo). Esto ocurre porque el cáncer es "invisible" para el sistema inmunitario, pero hay tratamientos experimentales de terapia génica *ex vivo* donde se modifican genéticamente células del sistema inmunitario para que sean capaces de "ver" el cáncer.

Es como si la terapia génica les diera unas supergafas que les permitiera ver lo invisible.

A día de hoy, la gran mayoría de los tratamientos con terapia génica todavía están en fase experimental, aunque ya hay unas pocas enfermedades que se pueden tratar con estas técnicas, ¡y seguramente dentro de unos años serán muchas más!

Porque gracias al trabajo constante de investigadoras e investigadores de todo el mundo, cada día sabemos un poco más sobre la genética, sobre cómo funciona la vida, ¡incluidas nuestras propias células!

Y podemos utilizar todo ese conocimiento para construir un mundo mejor.

GLOSARIO:

ADN (ácido desoxirribonucleico): es una molécula hecha juntando muchos nucleótidos, y que sirve para guardar información genética.

Aminoácidos: pequeñas moléculas a partir de las cuales se construyen las proteínas.

ARN (ácido ribonucleico): molécula también formada a partir de nucleótidos, que tiene distintas funciones según el tipo de ARN.

Cariotipo: forma de ordenar los cromosomas de un ser vivo. Por ejemplo, según su forma y tamaño.

Citoplasma: todo el espacio dentro de una célula que no es el núcleo celular.

Clon: copia de un organismo que tiene la misma información genética que el original.

Fenotipo: rasgo o característica observable de un organismo.

Gen: fragmento del genoma a partir del cual se fabrican moléculas con funciones específicas dentro del organismo.

Genoma: toda la información genética que hay dentro de una célula o virus.

Genotipo: parte de la información genética de un individuo que, bajo ciertas condiciones, puede ser responsable de un fenotipo.

Mutación: cambio en la secuencia genética original de un genoma.

Transposón: fragmento genético capaz de cambiar su posición dentro del genoma.

Conoce a los autores:

Dr. Pablo José Barrecheguren Manero

Científico nato, tras estudiar Bioquímica en su Zaragoza natal e investigar durante un año en el Departamento de Genética de la Universidad de Cambridge (RU), Pablo empezó con las Neurocosas: hizo un máster y una tesis doctoral sobre Neurociencias en la Universidad de Barcelona. Al acabar fue finalista del concurso de monólogos científicos Famelab España y pasó de los laboratorios a los escenarios.

Sus estudios en la Escuela de Escritura del Ateneo Barcelonés le han llevado a publicar obras como *Neurogamer: cómo los videojuegos nos ayudan a comprender nuestro cerebro* o *El cerebro humano explicado por Dr. Santiago Ramón y Cajal*, y es coautor de otros cinco libros de divulgación científica. También escribe artículos de divulgación científica, por los cuales ha sido finalista en premios como el Premio Boehringer Ingelheim al Periodismo y Divulgación en Salud (2022).

Audiovisualmente ha estudiado en Imperial College London el prestigioso máster "Science Media Production", ha ganado en tres ocasiones financiación nacional (FECYT) para proyectos audiovisuales, trabajado como guionista para el programa de televisión "El cazador de cerebros" y en radio. Toda esta formación y experiencia le han llevado a trabajar como formador en todos los aspectos de la comunicación científica y se puede seguir su trabajo en el canal "Neurocosas":

www.youtube.com/neurocosas
@pjbarrecheguren

Agradecimientos:

Dedicado a Joaquín de Navascués y Alfonso Martínez Arias, quienes me enseñaron muchas cosas sobre genética y biología del desarrollo; pero, sobre todo, me enseñaron que lo más importante en un laboratorio no es su financiación o prestigio, sino la calidad humana de las personas que allí trabajan.

Isa Loureiro

Una criatura creativa del norte de Portugal que realizó la carrera de Diseño en la Universidad de Aveiro. Se estableció en Barcelona, ejerciendo en estudios de diseño y arquitectura como diseñadora gráfica senior durante más de 10 años.

Intentando cambiar el rumbo en dirección a su pasión, la ilustración, decidió refinar sus habilidades realizando varios cursos. En este camino descubre belleza en los seres bizarros del mundo natural, así como en las intrincaciones del cuerpo humano, y un verdadero placer en dibujarlos. Lo que la lleva a especializarse en ilustración científica y contribuir con ello a la divulgación del conocimiento humano.

Se aprovecha de su inagotable paciencia para observar y dibujar lo que es complejo, utilizando la objetividad como base fundamental de su trabajo. En 2021 recibió el premio Junceda en la categoría de Ilustración Científica.

A día de hoy trabaja como infografista e ilustradora profesional independiente, siempre dispuesta a involucrarse en proyectos o comisiones que pongan a prueba su imaginación y su mano.

www.isaloureiro.com
@isaloureiro_arteyciencia

Agradecimientos:

Dedicado a la academia Illustraciencia, donde empecé como alumna y más tarde me han acogido en su equipo docente. A todos los profesores que, con su talento y pasión por ilustrar la ciencia, me han contagiado también a mí, gracias por compartir vuestro conocimiento. A todo este equipo que trabaja para dar apoyo, oportunidades y visibilidad a la comunidad de ilustradores científicos y su valiosa labor.

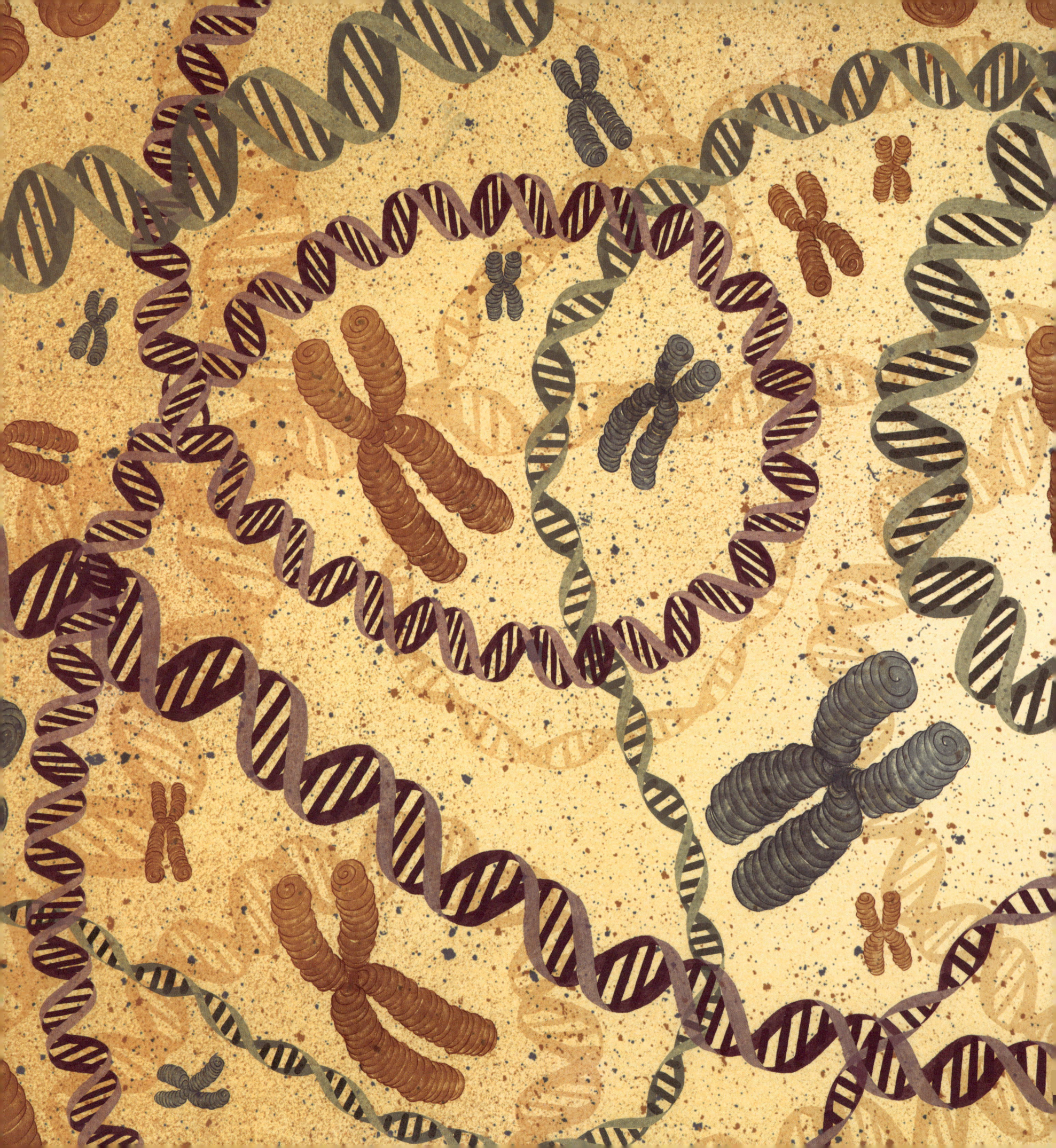